열두 예언자의 영성

열두 예언자의 영성

우리가 잃어버린 정의, 긍휼, 신실에 대한 회복 메시지

차준희 지음

Holy
WavePlus

많은 사람이 이구동성으로 한국교회가 병들었다고 한다. 이대로 가다 가는 앞으로 10-15년 안에 개신교의 주일예배 출석 교인 수가 반 토막 이 날 거라는 충격적인 전망마저 나오고 있다. 또 2014년 4월 16일에 일어난 세월호의 침몰사건에 빗대어 한국교회의 침몰을 논하는 이들 도 있다. 상황이 그만큼 심각하다는 이야기다. 교회는 신자들의 믿음의 어머니와 같은 존재다. 교회가 무너지면 그 구성원들—성도, 목회자, 신학자—도 무사할 수 없다. 이들 모두는 교회가 주는 생명의 젖을 먹 고 자랐다. 생명의 젖줄이 병들면 그것에 의존하고 있는 생명들도 온전 치 못할 것이다.

   최초의 문서 예언자 아모스는 일찍이 "주 여호와의 말씀이니라 보 라 날이 이를지라 내가 기근을 땅에 보내리니 양식이 없어 주림이 아 니며 물이 없어 갈함이 아니요 여호와의 말씀을 듣지 못한 기갈이라" (암 8:11)라고 예언한 적이 있다. 오늘 한국교회 현실이 딱 그와 같다. 설교 말씀(人言)은 홍수를 이루는데 하나님 말씀(神言)은 가뭄이 들었 다. 각종 기독교 방송매체들을 통해서 날마다 설교가 쏟아져 나오지만 영적 기갈을 느끼는 사람들이 얼마나 많은가. 대체 무엇이 문제인가.

문제 해결의 지름길은 본질로 돌아가는 것이다. 기독교인이란 예수를 믿는 사람을 일컫는 말이다. 예수를 믿는 믿음은 단순히 "예수에 관한 믿음"(faith about Jesus)에만 머물지 않고 "예수의 믿음"(faith of Jesus)을 그대로 받아들인다. 곧 예수님과 "더불어" 믿는 것, 예수님을 "따라" 믿는 것, 예수님"처럼" 믿는 것, 예수님과 "같은" 믿음을 갖는 것이다. 따라서 기독교 신앙은 "그리스도론"(Christology)의 문제가 아니라 "그리스도를 본받음"(imitatio Christi)의 문제다. 그렇다면 과연 예수의 신앙, 예수의 영성은 무엇인가.

"화 있을진저 외식하는 서기관들과 바리새인들이여 너희가 박하와 회향과 근채의 십일조는 드리되 율법의 더 중한 바 정의와 긍휼과 믿음은 버렸도다 그러나 이것도 행하고 저것도 버리지 말아야 할지니라"(마 23:23)라는 말씀에는 예수의 신앙과 영성이 고스란히 담겨 있다. 예수는 여기서 구약 신앙을 정의와 긍휼과 믿음으로 집약하고 있다. 이는 구약 예언활동의 황금기인 주전 8세기 예언자들의 핵심 영성을 되짚어 준다(미 6:8). 구체적으로 "정의"는 아모스의 핵심 메시지를(암 5:24), "긍휼"은 호세아의 핵심 메시지를(호 6:6), "믿음"은 이사야의 핵심 메시지를(사 7:9) 가리킨다. 즉 예수는 구약 신앙의 핵심으로 예언자의 영성을 강조하고 있다. 따라서 예수의 영성은 다름 아닌 예언자의 영성이다. 한국교회는 예수의 영성의 근본인 예언자의 영성으로 되돌아가야 한다. 나는 매일 한국교회가 예언자의 영성을 수혈받아 새롭게 되기를 기도한다.

이 책은 열두 소예언서의 핵심 본문을 찾아서 분석하고 그 메시지

열두 예언자의 영성

를 도출한 결과물이다. 이 책은 「목회와신학」(2013년)이라는 월간지에 12회에 걸쳐서 연재한 글을 모은 것이다. 「목회와신학」 김보경 기자님의 채찍과 당근이 만든 작품이기도 하다. 모든 바른 신학은 목회현장에서 검증되고 실행되어야 한다는 것이 내 지론이다. 학문은 서재에서 시작된다. 그러나 그 결론은 광장과 시장 한복판에서 내려져야 한다. 이 글은 필자가 말씀으로 봉사하는 여러 교회의 강단에서 선포된 후 그 말씀을 들었던 청중들의 진심 어린 비평을 충분히 반영하고 다시금 가다듬어 만들어낸 결과물이다. 여러 차례 임상실험을 거친 신뢰할 만한 말씀이라는 얘기다. 이제 그분들의 분에 넘치는 반응에 힘을 얻어 책의 형태로 그 얼굴을 드러낸다.

이 책은 새물결플러스에서 근무하는 글 장인들의 손에서 거듭나는 경험을 했다. 새물결플러스 대표 김요한 목사님과 편집자들의 손을 거치면서 책의 가독성이 훨씬 더 좋아졌다. 한국교회를 섬기는 마음으로 권위와 내용을 갖춘 책들을 출판하려고 애쓰는 새물결플러스의 자기희생적 사명감에 고개 숙여 감사하지 않을 수 없다. 끝으로 이 책의 태동에서 출판에 이르기까지의 전 과정을 함께 해준 헌신적인 조교 심밝은, 김귀권 전도사에게도 고마움을 전한다.

2014년 7월
한세대학교 신학관 연구실에서
차준희

1장

호세아,
"상식이 예배보다 우선이다"

"예배보다 도리를 원하며"

(호 6:1-6)

호세아는 문서 예언자 가운데 유일하게 북 왕국 이스라엘에서 출생하고 활동한 예언자다. 일반적으로 호세아는 주전 750년에서 725년 사이에 활동한 것으로 간주된다(호 1:1). 이 시대 북 왕국에는 대제국 아시리아의 세력이 강하게 밀고 들어오면서 여러 가지 어려움이 가중되었다. 북 왕국은 여로보암 2세(주전 787-747년) 치하에서 정치-경제적으로 전성기를 이룩했으나, 이후 25년 동안은 여섯 명의 왕이 등극했다가 그 가운데 네 명이 암살당하는 등 정치적으로 큰 혼돈을 거듭하며 점차 멸망을 향하여 치닫고 있었다(호 7:3-7; 왕하 15:8-31; 17:1-4). 결국 수도 사마리아가 아시리아에게 정복당함으로써 주전 722년에 북 왕국은 역사에서 완전히 사라졌다.

호세아 시대 북 왕국 사람들은 야웨와 가나안의 바알 신을 겸하여 섬겼다. 호세아는 이스라엘과 하나님과의 관계를 부부관계로 이해하며, 두 신을 함께 섬기는 것을 간음하는 행위라고 비판했다(호 1:2). 호세아서의 핵심 메시지는 호세아 6:6의 말씀이다. "나는 인애(חֶסֶד '헤세드')를 원하고 제사를 원하지 아니하며 번제보다 하나님을 아는 것을 원하노라"(호 6:6). 이때문에 호세아는 사랑(חֶסֶד '헤세드')의 예언자라 불린다. 그렇다면 하나님을 진정으로 안다는 것은 어떤 의미일까? 그 답이 호세아 6:1-6에 담겨 있다.

1. 호세아 6:1-6의 배경과 구조

호세아 5:8-6:6(경우에 따라서는 5:8-7:16)은 이른 바 시리아-에브라임 동맹 전쟁(주전 733년)에서 촉발된 팔레스타인의 상황을 배경으로 한다. 이 당시 시리아와 팔레스타인 지역은 공히 대제국 아시리아의 지배권 아래에 있었다. 아시리아는 세계 역사상 최초로 대제국을 형성한 나라로, 지금의 이라크 지역을 말한다. 주전 737-735년 즈음, 아시리아의 왕 디글랏빌레셀 3세(주전 745-727년)는 동방을 정벌하는 데 몰두하였다. 동쪽은 오늘날의 이란 지역이다. 아시리아의 지배를 받고 있었던 약소국가들은 이 기회를 이용해 아시리아의 멍에로부터 벗어날 목적으로 반(反)아시리아 동맹을 결성한다. 북 이스라엘 왕 베가도 아시리아에 대항하기 위해 조상 대대로 원수였던 아람(오늘의 시리아)과 동맹을 맺는다. 실상 반(反)아시리아 동맹은 시리아와 팔레스타인의 모든 국가가 함께 손을 잡아야만 성공할 수 있었다.

그런데 남 유다 왕 아하스가 반(反)아시리아 동맹을 거부하고 나서는 게 아닌가. 이때문에 주전 733년에 아람 왕 르신과 이스라엘 왕 베가는 군대를 이끌고 유다를 침공하여 강제로 이 동맹에 가담시키려 한다("이 때에 아람의 왕 르신과 이스라엘의 왕 르말랴의 아들 베가가 예루살렘에 올라와서 싸우려 하여 아하스를 에워쌌으나 능히 이기지 못하니라", 왕하 16:5; 참조. 사 7:2). 이 사건을 흔히 시리아-에브라임 동맹 전쟁이라고 한다. 즉 이 전쟁은 시리아와 에브라임이 동맹을 결성하여 남 유다를 침공한 사건이다.

한편 유다 왕 아하스는 이 위기에서 벗어나고자 막대한 조공을 바

열두 예언자의 영성

치면서 아시리아에게 원군을 요청한다. 북 이스라엘은 아하스의 요청을 핑계 삼아 전쟁에 개입한 대제국 아시리아에 의해 참혹한 결과를 맞이하게 된다. 이 전쟁으로 이스라엘은 요단 강 동쪽 지방의 소유권을 상실하고, 간신히 수도 사마리아와 그 주변 에브라임 산지의 작은 영토만 남은 초라한 국가로 전락하고 만다. 이러한 배경하에 우리의 본문이 놓여 있다. 이 단락의 한 부분인 호세아 6:1-6은 다음과 같은 짜임새로 구성되어 있다.

> 1-3절: 이스라엘 백성의 피상적 참회
> > 1a절: 자기 촉구("여호와께로 돌아가자")
> > 1b-2절: 응답의 확신("우리가 그의 앞에서 살리라")
> > 3a절: 자기 촉구("여호와를 알자")
> > 3b절: 응답의 확신("그의 나타나심은 새벽 빛 같이 어김없나니")
> 4-6절: 하나님의 책망과 요구
> > 4절: 하나님의 탄식과 고발("에브라임아 내가 네게 어떻게 하랴")
> > 5절: 하나님의 심판("그러므로 내가 선지자들로 그들을 치고")
> > 6절: 하나님의 요구("나는 인애를 원하고")

2. 호세아 6:1-6의 본문 풀이

1) 이스라엘 백성의 피상적 참회(호 6:1-3)

호세아 6:1-3을 외견상으로 놓고 볼 때는 이스라엘 백성의 참회기도로 보인다. 바로 여기서 많은 설교자들이 이 본문을 오해하고 있다. 심지어 구약성경 전문가들도 이 본문을 잘못 이해하는 경우가 종종 있다.[1] 그리하여 교회의 중요행사에 "오라 우리가 여호와께로 돌아가자"라는 구절을 표어로 채택하는 경우가 적지 않다. 하지만 이 말씀은 참회의 형식을 취하고는 있지만, 진정한 참회라고는 볼 수 없다. 또한 이 말은 하나님께 아뢰는 것이 아니라 사람들끼리 하는 말이란 점에서 참회시와도 다르다. 이것은 이스라엘 백성의 "피상적 회개"에 지나지 않는다.[2] 그 이유는 다음과 같다.

첫째, 이 말씀에는 참회시의 필수 요소인 "진지한 죄의 고백"이 결여되어 있다. 이는 진정한 참회를 보여주는 다른 두 본문과 비교해보면 당장 그 차이가 드러난다. 먼저, 이 단락은 다윗의 참회시로 알려진 시편 51:1-2의 "주의 많은 긍휼을 따라 내 죄악을 지워 주소서, 나의 죄악을 말갛게 씻으시며 나의 죄를 깨끗이 제하소서"와 같이 자신의 죄를 계속해서 진지하게 고백하는 내용과 너무나 대조적이다. 또한 호세아가 이스라엘 백성에게 회개를 촉구하는 본문인 호세아 14:3의 "우리가 앗수르의 구원을 의지하지 아니하며 말을 타지 아니하며 다시는 우리의 손으로 만든 것을 향하여 너희는 우리의 신이라 하지 아니하오리니"에서도, 참된 회개는 구체적인 죄가 고백되어야 함을 명시하고 있다.

---

1) 최근에 나온 다음의 연구서도 호세아 6:1-3을 "호세아의 권고"로 이해한다. 강성열, 『내가 네게 장가들리라: 설교를 위한 호세아 연구』(서울: 한국성서학연구소, 2010), 139-144; 송병현, 『호세아, 요엘, 아모스, 오바댜』, 엑스포지멘터리(서울: 국제제자훈련원, 2011), 175-179.
2) 박동현, "거짓된 참회?(호 6:1-6)", 『예언과 목회(4)』(서울: 한국장로교출판사, 1996), 247-261; 차준희, "제사보다 헤세드를 원하며(호 6:1-6)", 「성서마당」 15, 2007(겨울), 45-54; 김필회, 『호세아 주석서』, 한국구약학총서(서울: 프리칭아카데미, 2011), 210.

둘째, 이러한 고백에 이어 나오는 호세아 6:4의 하나님의 탄식도 호세아 6:1-3의 회개가 위선적임을 보여준다. "에브라임아 내가 네게 어떻게 하랴, 유다야 내가 네게 어떻게 하랴, 너희의 인애가 아침 구름이나 쉬 없어지는 이슬 같도다."

1-3절은, 이스라엘의 자기 촉구와 응답의 확신이 두 번에 걸쳐 반복되는 형식이다. 이스라엘 백성은 서로에게 하나님께로 돌아가자고 촉구하고 있다. 그리고 스스로 그 응답을 확신하고 있다.

"[1a절: 자기 촉구]

　　오라 우리가 여호와께로 돌아가자

[1b-2절: 응답의 확신]

　　여호와께서 우리를 찢으셨으나

　　도로 낫게 하실 것이요

　　우리를 치셨으나 싸매어 주실 것임이라

　　여호와께서 이틀 후에 우리를 살리시며

　　셋째 날에 우리를 일으키시리니 우리가 그의 앞에서 살리라

[3a절: 자기 촉구]

　　그러므로 우리가 여호와를 알자 힘써 여호와를 알자

[3b절: 응답의 확신]

　　그의 나타나심은 새벽 빛 같이 어김없나니

　　비와 같이, 땅을 적시는 늦은 비와 같이

　　우리에게 임하시리라 하니라"(호 6:1-3).

여기서 1절의 동사 "찢다"(치다 'טָרַף')와 "고치다"(낫다 'רָפָא')라는 표현은 호세아 5:13-14의 용어를 수용한 것이다("13 에브라임이 자기의 병을 깨달으며 유다가 자기의 상처를 깨달았고 에브라임은 앗수르로 가서 야렙 왕에게 사람을 보내었으나 그가 능히 너희를 고치지[רָפָא '라파'] 못하겠고 너희 상처를 낫게 하지 못하리라 14 내가 에브라임에게는 사자 같고 유다 족속에게는 젊은 사자 같으니 바로 내가 움켜갈지라[טָרַף '타라프'] 내가 탈취하여 갈지라도 건져낼 자가 없으리라"). 또한 1절의 "오라 우리가 여호와께로 돌아가자(שׁוּב '슈브')"라는 구절은 호세아 5:15의 "내가(여호와) 내 곳으로 돌아가리라(שׁוּב '슈브')"에 상응한다. 따라서 호세아 6:1은 앞 단락(호 5:8-15)과 연결 지어 해명되어야 한다. 즉 이스라엘이 전쟁으로 말미암아 황폐해진 참혹한 현실은, 그들이 하나님을 떠나 허무한 것에게 도움을 청한 상황에서 비롯된 것이다.

호세아 5:11("에브라임은 사람의 명령 뒤따르기를 좋아하므로 학대를 받고 재판의 압제를 받는도다")에 따르면, 에브라임은 하나님이 아닌 아람의 도움을 청하였다. 곧 이 구절의 "에브라임은 사람의 명령 뒤따르기를 좋아하므로"는 에브라임이 아람과 동맹을 맺은 사건을 가리키는 것으로 보인다. 이때문에 이스라엘은 학대와 재판의 압제를 자초하게 되었다. 또한 에브라임은 도움을 얻으려고 "의사 앗수르"를 찾았으나 그 의사는 그들의 상처를 치료하지 못했다.

"에브라임이 자기의 병을 깨달으며
유다가 자기의 상처를 깨달았고
에브라임은 앗수르로 가서

야렙 왕에게 사람을 보내었으나
그가 능히 너희를 고치지 못하겠고
너희 상처를 낫게 하지 못하리라"(호 5:13).

참된 의사는 따로 있었다. 여기서 하나님의 방향전환은 이스라엘의
방향전환과 결부된다.

"그들이 그 죄를 뉘우치고 내 얼굴을 구하기까지
내가 내 곳으로 돌아가리라
그들이 고난 받을 때에 나를 간절히 구하리라"(호 5:15).

이때 이스라엘 백성은 야웨야말로 자신들이 당한 끔찍한 참상의 진
정한 원인이 된다는 사실("내가 에브라임에게는 사자 같고 유다 족속에게는
젊은 사자 같으니 바로 내가 움켜갈지라 내가 탈취하여 갈지라도 건져낼 자가
없으리라", 호 5:14)과 동시에, 오직 야웨만이 이 황폐함으로부터 빠져나
올 수 있는 유일한 희망이라는 사실을 깨닫는다. 그래서 그들은 야웨께
로 다가간다.

그런데 백성들은 사실상 진정한 참회가 결여되었음에도, 안타깝게
도 아니면 뻔뻔하게도 하나님의 구원을 당연한 것으로 여긴다. 2절의
"여호와께서 이틀 후에 우리를 살리시며 셋째 날에 우리를 일으키시리
니"에서 2-3일은 "머지않아", "곧"이라는 뜻이다. 이 표현은 혹시 열왕
기하 13:21; 이사야 26:14, 19에 근거하거나, 혹은 특히 3일이라는 표현
으로 추론할 수도 있는 죽은 자의 부활을 의미하는 것이 아니고, 여기

서는 전쟁으로 인한 황폐함으로부터 구원받는 것을 가리킨다.

3절은 "새벽 빛"과 "비"와 "늦은 비"에 비유하여 하나님의 구원의 확실성을 표현하고 있다. 마치 밤이 지나면 새벽에 먼동이 트듯이, 또 철에 따라 비가 내리듯이 야웨의 도움이 당연하다는 식이다. 즉 구원은 심판의 때가 지나면 자동적으로 주어지기 때문에 야웨께 간절히 매달려야 할 이유가 없다는 것이다. 한마디로 하나님의 구원은 자동적으로 온다는 것이다. 따라서 이들은 하나님께 돌아가는 것을 진지하게 생각하지 않는다. 물론 하나님의 절대적 자유에도 관심이 없다. 그들은 야웨 하나님을 단지 자신들의 형식적인 참회에 기계적으로 응답하시는 분으로 착각하고 있다.

이들의 태도에 문제가 있다는 사실은 6:3의 "힘써 여호와를 알자" (נִרְדְּפָה לָדַעַת אֶת־יְהוָה '니르데파 라다아트 에트-야웨')라는 유일한 표현구에서도 암시되어 있다. 여기서 "힘써"에 해당되는 히브리어 "니르데파" (נִרְדְּפָה)의 어근은 "라다프"(רָדַף)로, 이는 본래 "추적하다/뒤쫓다"라는 뜻이다. 여기서 이 표현구는 "여호와를 알려고 애쓰다"라는 의미로 쓰였다. 그런데 "라다프"(רָדַף) 동사는 호세아서에서 이스라엘이 주어로 나올 경우 "에브라임은 동풍을 따라가며(רָדַף '라다프')"(호 12:1), 그리고 "그가 사랑하는 자를 따라갈지(רָדַף '라다프')라도 미치지 못하며"(호 2:7)에서 보는 바와 같이 "헛된/무익한 애씀"을 가리킨다. 마찬가지로 호세아 6:3에서도 이들의 노력은 무익한 것에 불과하다.

2) 하나님의 책망과 요구(호 6:4-6)
호세아 6:4-6에서 하나님은 1인칭을 사용하여 1-3절의 참회기도에 응답하신다. 보통은 회중의 참회기도가 끝나면 이어서 제사장들이 참회자의 간곡한 기도에 하나님이 응답하실 것이라는 약속을 주는 것이 상례다.

"엘리가 대답하여 이르되 평안히 가라 이스라엘의 하나님이 네가 기도하여 구한 것을 허락하시기를 원하노라 하니"(삼상 1:17).

그러나 여기서 호세아는 뜻밖에도 지금까지의 관례를 깨고 백성들의 참회를 배격한다. 호세아는 이스라엘 백성의 참회기도에 대한 하나님의 응답을 놀랍게도 하나님의 탄식으로 시작한다.

"에브라임아 내가 네게 어떻게 하랴
유다야 내가 네게 어떻게 하랴"(호 6:4).

하나님께로 돌아가기만 하면 하나님이 언제라도 무조건 만나주실 거라고 생각하는 이스라엘의 자신감과 확신에 찬 고백에 대해 야웨께서 깊은 탄식으로 답변하신 것이다. 하나님은 백성들의 헛된 참회기도에 한동안 말씀을 잊으셨다. 이 구절은 하나님을 근심에 사로잡히고 피곤에 지치신 분으로 묘사한다. 사실 이러한 질문은 어느 길로 가야 할지 알지 못하는 자가 던지는 질문들이다.

"내가 어찌해야 좋단 말인가?"

지금 호세아는 하나님이 느끼는 좌절감과 당혹감을 잘 드러내 주고 있다. 하나님의 마음속 근심과 고뇌를 간파하고 이를 생생하게 묘사하는 것은 호세아서에서 자주 볼 수 있는 호세아만의 특징이다(참조. 호 4:16; 7:13; 11:8-9; 13:14). 다음의 본문은 하나님의 고뇌와 심정적 동요를 실감나게 보여주는 대표적인 말씀이다.

> "에브라임이여 내가 어찌 너를 놓겠느냐
>
> 이스라엘이여 내가 어찌 너를 버리겠느냐
>
> 내가 어찌 너를 아드마 같이 놓겠느냐
>
> 어찌 너를 스보임 같이 두겠느냐
>
> 내 마음이 내 속에서 돌이키어
>
> 나의 긍휼이 온전히 불붙듯 하도다"(호 11:8).

4절에 표현된 하나님의 호소조의 질문("내가 네게 어떻게 하랴?")은 현재의 상황이 매우 절망적임을 반영하고 있다. 호세아는 "이스라엘의 인애(חֶסֶד '헤세드')가 아침 구름이나 쉬 없어지는 이슬 같다"고 한다. 여기서 인애로 번역된 히브리어 낱말 "헤세드"(חֶסֶד)는 우리말 개역성경에서 문맥에 따라서 "인자, 인애, 우의, 은혜, 후대, 선대, 자비, 긍휼, 선한 일, 불쌍히 여김, 아름다움" 등 여러 가지 말로 번역되어 있다.[3] 사실 인애로 번역된 "헤세드"(חֶסֶד)는 "하나님과 사람들 앞에서 자신이 속한 공동체에 적합한 인간의 행동양식"을 의미한다. 즉 "헤세드"(חֶסֶד)는 부부 사이, 부모와 자식 사이, 친척 사이, 친구 사이, 손님과 주인 사이, 윗

---

3) 죠오지 V. 위그램, 『구약성구사전』, 김만풍 역(서울: 기독교문화협회, 1983), 575-576.

사람과 아랫사람 사이 등에서 서로가 서로에게 마땅히 지켜야 할 바를 지키는 것을 가리킨다. 곧 "인간관계의 충실함"(faithfulness)을 뜻한다. 이를 달리 말한다면 우리가 흔히 사용하는 용어 "인간적 도리"로 바꿀 수 있다. 따라서 "헤세드"는 하나님 앞에서의 "신자의 도리", 사람들 앞에서의 "인간적 도리"를 가리킨다. 하나님은 언약 백성에게 무엇보다도 인간으로서의 참 도리에 충실할 것을 요구하신다.

1-3절에 서술된 참회기도가 나름대로는 진정성이 있을지 모르지만, 구름과 이슬 같은 표현에서 알 수 있듯이 이들의 신실함은 피상적이고 일시적이다. 실제로 호세아서에서 구름과 이슬 이미지는 늘 피상적이고 일시적인 것으로서 부정적인 의미를 담고 있다.

> "이러므로 그들은 아침 구름 같으며
> 쉬 사라지는 이슬 같으며
> 타작 마당에서 광풍에 날리는 쭉정이 같으며
> 굴뚝에서 나가는 연기 같으니라"(호 13:3).

이러한 이미지는 이스라엘 백성의 일시적이고 형식적인 참회행태를 폭로하는 기능을 한다. 당시 이스라엘 백성에게 형식적인 참회의 분위기는 있었지만 진정한 참회의 자세는 결여되어 있었다. 여기에는 백성들이 진심으로 참회하지 않기 때문에 하나님이 그들을 도울 수 없다는 심각한 유감이 담겨 있다.

이와 관련하여 드디어 하나님의 판결이 주어진다. 호세아는 5절에서 하나님의 심판을 선언한다.

"그러므로 내가 선지자들로 그들을 치고
내 입의 말로 그들을 죽였노니
내 심판은 빛처럼 나오느니라"(호 6:5).

그런데 이 구절에 나오는 심판 선언에서 쓰인 동사의 시제가 둘 다 완료형이다. 즉 이 부분을 문자적으로 번역하면 "그들을 쳤고", "그들을 죽였다"이다. 이러한 표현은 이미 일어난 사건을 묘사하기보다는 앞으로 일어날 일의 확실함을 표현하는 "예언자적 완료형"(prophetic perfect)이다. 따라서 이 표현은 그들에게 임할 미래적 심판을 묘사한 것으로 보인다. 즉 하나님은 예언자들을 통하여 확실히 이스라엘을 칠 것이고 또 죽일 것이다.

여기서 예언자는 하나님의 손에 들려진 치명적인 무기로 간주된다. 예언자가 토해내는 하나님의 말씀은 단순한 소리나 쉬 사라지는 연기가 아니다. 예언자의 말은 "불(火)과도 같고 바위를 쳐서 부스러뜨리는 방망이"(렘 23:29)와도 같은 실제적인 힘과 능력이 있기 때문이다. 또한 예언자를 통한 하나님의 말씀은 미래의 현실을 미리 알려줄 뿐만 아니라 미래를 가져오기도 한다.

"10이는 비와 눈이 하늘로부터 내려서
그리로 되돌아가지 아니하고
땅을 적셔서 소출이 나게 하며 싹이 나게 하여
파종하는 자에게는 종자를 주며
먹는 자에게는 양식을 줌과 같이

11내 입에서 나가는 말도

이와 같이 헛되이 내게로 되돌아오지 아니하고

나의 기뻐하는 뜻을 이루며

내가 보낸 일에 형통함이니라"(사 55:10-11).

호세아 6:5b의 "내 심판은 빛처럼 나오느니라"에서 "심판"이라는 단어의 히브리어는 "미쉬파트"(מִשְׁפָּט)다. 이 단어의 일반적인 의미는 "공의/정의"다. 그러므로 이 구절은 "하나님의 공의가 빛처럼 나올 것이다"라는 의미로 해석될 수 있다. 하나님의 심판 목적은 당신의 백성을 죽음으로 내모는 것이 아니다. 하나님의 심판의 궁극적 목적은 백성의 멸망에 있지 않고 하나님의 공의를 세우는 데 있다. 하나님은 심판을 통하여 공의를 세우신다. 또한 하나님의 공의는 은폐된 것들을 드러내며 만물을 비추는 태양 빛같이 드러난다.

호세아는 6절에서 이런 하나님의 의지의 긍정적인 내용을 교리문답과 같은 방식의 짧막한 요구로 한 번 더 인상적으로 확증한다.

"나는 인애(חֶסֶד '헤세드')를 원하고

제사(זֶבַח '제바흐')를 원하지 아니하며

번제(עֹלוֹת '올로트')보다

하나님을 아는 것을 원하노라"(호 6:6).

여기서 "희생제사"(זֶבַח '제바흐')와 "번제"(עֹלוֹת '올로트')는 특정 제사행위보다는 포괄적인 의미로서 제사행위 전반을 가리키는 것으로 보인다. 이 구절에서 "원하노라"의 히브리어는 "하페츠"(חָפֵץ)인데, 이 단어는 하나님이 주어로 나올 때 "받아들이다/인정하다/기뻐하다"라는 의미로 사용된다. 즉 이것은 제사장들이 예배 때와 토라를 가르칠 때 하나님의 이름으로 바쳐진 특정 제물이나 특정 행위가 하나님께 합당한지를 결정할 때 쓰는 어투다.

> "여호와께서 말씀하시되
> 너희의 무수한 제물이 내게 무엇이 유익하뇨
> 나는 숫양의 번제와 살진 짐승의 기름에 배불렀고
> 나는 수송아지나 어린 양이나 숫염소의 피를
> 기뻐하지(חָפֵץ '하페츠') 아니하노라"(사 1:11).

여기서 호세아는 제사장적 용어를 빌어서 하나님이 근본적으로 원하시는 것을 제시한다. 호세아는 6:1-3의 백성들의 참회행위를 희생제사와 번제로 간주하면서, 하나님이 진정으로 원하시는 것은 "인간적 도리"(חֶסֶד '헤세드')와 "하나님 알기"(דַּעַת אֱלֹהִים '다아트 엘로힘')임을 명시하고 있다. 여기서 "헤세드"(חֶסֶד)와 "다아트 엘로힘"(דַּעַת אֱלֹהִים)은 동의 평행법으로 동일시되고 있다. 인간적 도리에 충실한 것이, 곧 하나님을 아는 것이다. 동시에 하나님을 아는 것이, 곧 인간적 도리에 충실한 것이다. 이 두 가지는 실제로 한 가지다. 자신에게 주어진 인간적 도리에 충실한 것이 하나님과의 참된 관계를 보여주는 또 다른 측면이다.[4] 바

---

4) J. Jeremias, *Der Prophet Hosea*, Das Alte Testament Deutsch (Göttingen: Vandenhoeck

꿔 말하자면 하나님을 안다는 것은 자신에게 주어진 인간적 도리를 충실하게 행하는 것이다.

3. 메시지

북 이스라엘은 시리아-에브라임 동맹 전쟁이 초래한 치명적 위기 앞에서 갈팡질팡하고 있었다. 그들은 이 위기에서 벗어나고자 아람의 힘을 의지하기도 하고(호 5:11), 아시리아에게도 도움을 청해본다(호 5:13). 그러나 이 모든 인간적 지혜와 수단이 수포로 돌아간다. 비로소 그들은 야웨만이 자신들의 유일한 희망임을 깨닫고 그분 앞에 다가선다. 그들은 하나님 앞으로 돌아가자며 서로가 서로에게 촉구한다. 그들은 하나님께로만 돌아가면, 당연히 모든 문제가 쉽게 해결될 거라는 생각을 가지고 있었다(호 6:1-3). 하지만 그들이 보여준 참회행위는 실망스럽기 짝이 없었다.

이스라엘 백성의 참회기도에는 죄에 대한 진지한 고백이 없었다. 그들은 자신들의 잘못을 가슴 아파하지도 않았다. 하나님이 구원해주신다면 그 은혜를 감사히 여겨 그것에 보답하며 살겠다는 흔한 서원 같은 것도 찾아볼 수 없다. 그저 자기들이 하나님께로 돌아가기만 하면 하나님이 아무 조건 없이 당연히 도와주실 거라고 확신했다. 분명 이스라엘 백성은 그들이 겪는 곤경이 자신들의 잘못으로 인한 하나님의 징계임을 인정하면서도, 자신들의 죄성에 대해서는 심각하게 생각하지 않고,

---

& Ruprecht, 1983), 89.

오로지 하나님의 용서와 구원만 들먹이고 있다. 이들에게서 오늘날의 "값싼 은총"에 길들여진 신앙인들의 모습을 보는 것 같다.

하나님은 당신의 못난 백성을 보면서 가슴을 찢으신다. 눈앞의 어려움만 면해보려는 그들의 얄팍한 참회의식에 하나님은 심한 안타까움을 토로하신다. 끝내는 값싼 은총에 길들여진 형식적이고 이기적인 종교인이 되어버린 당신 백성의 못난 행위에 눈물을 흘리신다(호 6:4). 그리하여 결국 하나님은 당신의 공의를 세우기 위해 당신의 자식들에게 매를 드실 수밖에 없으시다(호 6:5). 하나님은 이 땅에 하나님의 공의를 실행하기 위해 많은 지도자들을 세우신다(참조. 미 3:1; 습 3:1-5; 겔 22:23-31). 그러나 지도자들의 직무유기로 하나님의 공의가 무너지자, 부득불 하나님이 직접 개입하셔서 이 땅에 공의를 다시 세우려고 하신다. 이때 사용되는 하나님의 심판은 실제로는 하나님의 공의를 위한 조치다.

하나님은 이 땅에 당신의 공의를 바로 확립하기 위해서, 즉 이스라엘 백성이 하나님과 진정한 관계를 맺기 위해서 반드시 존중하고 준수해야 할 핵심 사항을 말씀하신다. 이는 형식적인 예배가 대신할 수 없는 것이다(호 6:6). 이것이 바로 "헤세드"(חֶסֶד)와 "다아트 엘로힘"(דַּעַת אֱלֹהִים)이다. 즉 "인간적 도리 다하기"와 "하나님 알기"다. 앞서 살펴본 것처럼 이 둘은 사실상 하나다. 하나님을 바로 아는 것은, 일상의 삶에서 맺는 인간관계에서 요구되는 도리를 충실히 행하고 그들과 한마음으로 연대하는 것이다.

따라서 하나님에 대한 참된 앎은 "공적인 예배의 자리"만이 아니라 "일상의 삶의 자리"에서도 동일한 실재가 된다. 우리는 하나님을 예배로만 아는 것이 아니라 삶으로도 알아야 한다. (기형도 시인의 표현을 빌자면) "성경 구절에만 밑줄을 치는 것이 아니라 일상의 삶에도 밑줄 치는" 삶을 살아야 한다. 하나님에 대한 고백과 찬양은 예배 때만의 독점물이 아니라 삶 속에서 더 많이, 더 크게, 더 경건하게 울려 퍼져야 한다. 하나님은 제사와 번제보다 인간적 도리를 다하는 것과 하나님을 아는 것을 더 기뻐하신다.

물론 호세아가 하나님께 제사를 드리고 번제를 드리는 종교행위(예배) 자체를 거부하는 것은 아니다. 다만 종교행위로서의 예배보다 먼저 선행되어야 하는 것이 일상의 인간관계 속에서 주어진 도리에 충실해야 하는 것임을 강조한다. 이는 예수님의 산상수훈에 나오는 말씀과도 맥을 같이한다.

"23 예물을 제단에 드리려다가 거기서 네 형제에게 원망들을 만한 일이 있는 것이 생각나거든 24 예물을 제단 앞에 두고 먼저 가서 형제와 화목하고 그 후에 와서 예물을 드리라"(마 5:23-24).

하나님의 백성으로서의 신자의 도리는 예배 이외의 생활 속 인간관계에서 더 잘 드러난다. 이렇게 호세아는 가정과 교회, 직장에서 요구되는 인간적 도리에 충실한 "도리의 영성"을 우리에게 가르친다. 오늘날 한국사회는 교회에게 인간관계와 사회생활에 있어서 최소한의 상식적 행동과 처신을 요구하고 있다. 이런 현실에서 신자들이 무엇보다 삶의 자리에서 자신에게 주어진 인간적 도리에 충실하는 것이 예배보다 더 시급한 과제라는 것에 공감할 줄로 생각한다. 진실로 상식이 예배보다 우선이다. 그리고 그것이 하나님을 바로 아는 것이다.

2장
요엘,
"성령을 받으면 목소리가 아니라 지갑이 변한다"

"내 영을 만민에게 부어 주리니"

(욜 2:28-32)

요엘서에는 저자의 활동시기를 알려주는 구체적인 연대 표시가 없다. 이때문에 요엘의 활동시기는 정확히 알 수 없다. 다만 요엘서가 주전 587년 유다의 멸망을 전제하고 있다는 점(욜 3:1-3), 주전 515년에 재건된 예루살렘의 제2성전(욜 1:14; 2:17; 3:18)과 또한 주전 445년에 느헤미야에 의해서 구축된 성벽(욜 2:7, 9)에 대하여 언급하고 있는 것으로 보아, 요엘은 그 이후 시대인 주전 400년경 혹은 주전 4세기경에 활동한 사람으로 추정할 수 있을 따름이다.[1]

요엘서의 핵심 구절은 장차 하나님의 영이 만민에게 부어질 것임을 처음으로 예언한 2:28-32의 말씀이다. 이 말씀은 사도행전 2장의 오순절 성령강림 사건으로 성취되는 유명한 구절이기도 하다.

1. 요엘 2:28-32의 배경과 구조

요엘 2:28-32의 배경은 요엘서 본문 전체를 통해서 살펴보아야 한다. 요엘서는 크게 탄원(욜 1:1-2:17)과 구원 약속(욜 2:18-3:21) 두 부분으로 구성되어 있다. 요엘은 먼저 당시 발생한 참혹한 메뚜기 재앙과 가뭄을 메시지의 출발점으로 삼았다.

---

1) 베르너 H. 슈미트, 『구약성서 입문』, 차준희/채홍식 역(서울: 대한기독교서회, 2007), 392-393.

2장 • 요엘, "성령을 받으면 목소리가 아니라 지갑이 변한다"

"2 늙은 자들아 너희는 이것을 들을지어다

땅의 모든 주민들아 너희는 귀를 기울일지어다

너희의 날에나 너희 조상들의 날에 이런 일이 있었느냐

3 너희는 이 일을 너희 자녀에게 말하고

너희 자녀는 자기 자녀에게 말하고

그 자녀는 후세에 말할 것이니라

4 팥중이가 남긴 것을 메뚜기가 먹고

메뚜기가 남긴 것을 느치가 먹고

느치가 남긴 것을 황충이 먹었도다"(욜 1:2-4).

요엘은 현재의 곤경을 단순한 자연재해로만 보지 않고 하나님이 온 세계를 심판하실 조짐으로 해석한다.

"슬프다 그 날이여 여호와의 날이 가까웠나니

곧 멸망 같이 전능자에게로부터 이르리로다"(욜 1:15).

요엘은 이스라엘 백성에게 하나님이 새롭게 은혜를 베푸실 수 있도록, 하나님께 탄원하고 진정으로/성심으로 회개하라고 권고한다.

"12 여호와의 말씀에

너희는 이제라도 금식하고 울며 애통하고

마음을 다하여 내게로 돌아오라 하셨나니

13 너희는 옷을 찢지 말고 마음을 찢고

너희 하나님 여호와께로 돌아올지어다

그는 은혜로우시며 자비로우시며 노하기를 더디하시며

인애가 크시사 뜻을 돌이켜 재앙을 내리지 아니하시나니"(욜 2:12-13).

첫 번째 단락인 탄원(욜 1:1-2:17) 부분은 제사장들이 백성을 대신하여 하나님 앞에서 탄원기도를 드리는 것으로 끝난다.

"여호와를 섬기는 제사장들은

낭실과 제단 사이에서 울며 이르기를

여호와여 주의 백성을 불쌍히 여기소서

주의 기업을 욕되게 하여

나라들로 그들을 관할하지 못하게 하옵소서

어찌하여 이방인으로 그들의 하나님이 어디 있느냐

말하게 하겠나이까 할지어다"(욜 2:17).

하나님은 이 탄원기도에 자애로움으로 응답하겠다고 약속하신다.

"18 그 때에 여호와께서 자기의 땅을 극진히 사랑하시어

그의 백성을 불쌍히 여기실 것이라

19 여호와께서 그들에게 응답하여 이르시기를

내가 너희에게 곡식과 새 포도주와 기름을 주리니

너희가 이로 말미암아 흡족하리라

내가 다시는 너희가 나라들 가운데에서

욕을 당하지 않게 할 것이며"(욜 2:18-19).

이러한 구원의 약속은 요엘 2:27에서 그 절정에 다다른다.

"그런즉 내가 이스라엘 가운데에 있어
너희 하나님 여호와가 되고
다른 이가 없는 줄을 너희가 알 것이라
내 백성이 영원히 수치를 당하지 아니하리로다"(욜 2:27).

여기 기록된 "하나님의 백성은 영원히 수치를 당치 아니한다"는 내용이 보다 더 구체적으로 묘사된 부분이, 요엘 2:28-32이다. 이 단락은 하나님의 응답의 말씀에 속한다. 요엘 2:28-32은 다음과 같은 구조로 짜여 있다.

28-29절: 하나님의 영을 부어주실 것을 약속함
    "내 영을 만민에게 부어 주리니"
30-31절: 야웨의 날의 징조
    땅("피와 불과 연기 기둥")
    하늘("해가 어두워지고 달이 핏빛 같이")
32절: 조건적인 구원 약속
    "누구든지 야웨의 이름을 부르는 자는 구원을 얻으리니"

2. 요엘 2:28-32의 본문 풀이

1) 하나님의 영을 부어주실 것을 약속함(욜 2:28-29)

> "28 그 후에 내가 내 영을 만민에게 부어 주리니
>
> 너희 자녀들이 장래 일을 말할 것이며
>
> 너희 늙은이는 꿈을 꾸며
>
> 너희 젊은이는 이상을 볼 것이며
>
> 29 그 때에 내가 또 내 영을 남종과 여종에게 부어 줄 것이며"
>
> (욜 2:28-29).

만민에게 하나님의 영을 부어주겠다는 하나님의 약속은 "그 후에"라는 문구로 시작된다. 이 표현은 시간적으로 후속하여 일어날 다음의 시각을 가리키는 것이 아니라, 앞으로 닥칠 것으로 기대하는 막연한 사건을 가리킬 때 쓴다. 즉 이 표현은 기한이 정해지지 않은 먼 훗날에 일어날 일을 말한다. 따라서 미래의 어느 날, 하나님의 영이 만민에게 부어질 것이다. 여기에서 "만민"은 문자적으로 "모든 육체"(כָּל־בָּשָׂר, '콜-바사르')를 뜻한다. 한편 이 육체는 그 앞에 나오는 하나님의 영과 강한 대조를 이루고 있다. 즉 "육체의 연약성/무력성"과 "영의 강력함/생명력"이 대조된다. 이것이 가장 잘 드러난 본문이 이사야 31:3이다.

> "애굽은 사람(אָדָם '아담')이요 신(אֵל '엘')이 아니며
>
> 그들의 말들은 육체(בָּשָׂר '바사르')요 영(רוּחַ '루아흐')이 아니라

2장 • 요엘, "성령을 받으면 목소리가 아니라 지갑이 변한다"

여호와께서 그의 손을 펴시면 돕는 자도 넘어지며

도움을 받는 자도 엎드러져서 다 함께 멸망하리라"(사 31:3).

미래의 어느 날, 연약하고 무기력한 인간에게 하나님의 강력한 영이 임한다. 여기서 "모든 육체"(만민)는 흔히 생각하듯이 "모든 사람"(온 인류)을 가리키는 것은 아직 아니다. 곧이어 나오는 문장에서 영이 부어지는 대상이 "너희" 자녀들과 "너희" 늙은이와 "너희" 젊은이를 지시하기 때문에, 이 본문에서 모든 만민은 아직은 "이스라엘 사람"만을 가리키는 것임이 분명하다.[2] 미래에 이스라엘 온 백성에게 하나님의 영이 임하자 그 결과로 다음과 같은 현상이 벌어진다.

"너희 아들들과 너희 딸들이 예언할 것이요

너희 늙은이들이 꿈을 꾸고

너희 젊은이들이 환상을 볼 것이다"(필자 사역).

그들은 하나님의 영을 받아서 예언하고, 꿈을 꾸고, 환상을 볼 것이다. 하나님의 영의 강림으로 주어지는 "예언, 꿈, 환상"은 서로 다른 현상이 아니라, 같은 뜻을 달리 표현한 것이다. 이것은 모두 하나님의 계시를 받는 수단들이다.[3] 하나님의 영을 부음 받은 이스라엘 백성 공동체가

---

2) L. C. Allen, *The Books of Joel, Obadiah, Jonah, and Micah*, The New International Commentary on the Old Testament (Grand Rapids, Michigan: Wm B. Eerdmans Publishing, 1976), 98.

3) 제임스 림버그, 『호세아-미가』, 현대성서주석, 강성열 역(서울: 한국장로교출판사, 2004), 125.

열두 예언자의 영성

전체적으로 하나님의 뜻을 잘 이해하고, 하나님과 깊이 사귀게 됨을 말하는 것이다. 즉 하나님의 영을 받은 사람들은 다른 사람의 매개나 해석 없이 스스로 하나님과 직접적이고 특별한 관계를 맺고 살게 됨을 말한다.[4] 이것은 그 옛날 모세가 모든 이스라엘 백성이 자신의 중재 없이도 하나님과 직접 만날 수 있기를 기대했던 것의 실현이라 할 수 있다.[5]

> "모세가 그에게 이르되 네가 나를 두고 시기하느냐 여호와께서 그의 영을 그의 모든 백성에게 주사 다 선지자가 되게 하시기를 원하노라"(민 11:29).

여기서 주목해야 할 대목은 하나님의 영을 소유하는 것이 더 이상 왕이나 예언자들과 같이 특별한 카리스마를 지닌 사람들만의 특권이 아니라는 사실이다. 예를 들면 과거에 사울 왕에게 하나님의 영이 임한 적이 있었다.

> "그들이 산에 이를 때에 선지자의 무리가 그를 영접하고 하나님의 영이 사울에게 크게 임하므로 그가 그들 중에서 예언을 하니"(삼상 10:10).

또 다윗의 후손 가운데 이상적 통치자인 왕에게 하나님의 영이 임할 것이 기대되었다.

---

4) A. 바이저/K. 엘리거, 『호세아/요엘/아모스/즈가리야』, 국제성서주석, 박영옥 역(서울: 한국신학연구소, 1992), 195.

5) J. Barton, *Joel and Obadiah*, The Old Testament Library (Louisville: Westminster John Knox Press, 2001), 95.

"그의 위에 여호와의 영

곧 지혜와 총명의 영이요

모략과 재능의 영이요

지식과 여호와를 경외하는 영이 강림하시리니"(사 11:2).

하지만 요엘의 비전에 따르면 이제 하나님의 영은 모든 사람에게 주어지는 은사다. 이는 바꿔 말하면 "하나님의 영의 민주화"(the democratization of the Spirit)라고 할 수 있다. 하나님의 영은 차별 없이 모두에게 임한다. 하나님의 영은 인간이 만든 모든 차별, 예를 들면 성에 따른 차별(아들과 딸), 나이에 따른 차별(늙은이와 젊은이), 사회적 신분에 따른 차별(주인과 종)을 철폐시킨다. 이는 일종의 사회적 혁명이기도 하다. 성령 공동체 안에서는 모든 사람이 하나님과 새로운 관계를 형성하고 모든 차별이 제거된다. 하나님의 백성은 더 이상 특별한 사람들로만 제한되지 않는다. 모든 사람이 다 하나님의 백성이 된다.

2) 야웨의 날의 징조(욜 2:30-31)

"30 내가 이적을 하늘과 땅에 베풀리니

곧 피와 불과 연기 기둥이라

31 여호와의 크고 두려운 날이 이르기 전에

해가 어두워지고 달이 핏빛 같이 변하려니와"(욜 2:30-31).

요엘서의 핵심 주제는 "야웨의 날"이다. 이 주제를 요엘서만큼 체계

적이고 자세하게 다룬 구약 본문은 없다. "야웨의 날"(מֹי־יְהוָה '욤 야웨')
이라는 문구는 구약성경 전체에서 16번 언급되며, 놀랍게도 이는 모두
예언서 안에서만 발견된다. 그런데 "야웨의 날"은 요엘서 이외의 다른
예언서에서 총 11번 나오는데, 요엘서 한 권에서만 무려 5번이나 사용
되고 있다. 한편 요엘서 외의 다른 예언서에 "야웨의 날"이 언급된 11번
은 모두 심판의 날과 관련해서다. 이 가운데 "야웨의 날"이 이스라엘에
대한 심판의 날로 쓰인 경우는 8번으로, 아모스서에서 3번(암 5:18, 20),
스바냐서에서 3번(습 1:7, 14), 말라기서에서 1번(말 4:5), 에스겔서에서
1번(겔 13:5) 쓰였다. 나머지 3번은 이방국가의 심판의 날로 사용되었다
(사 13:6, 9; 욥 15절).

요엘서에 나오는 5번의 야웨의 날 가운데, 3번은 이스라엘에 대한
심판의 날(욜 1:15; 2:1, 11)을, 나머지 2번은 이방국가에 대한 심판의 날
(욜 2:31; 3:14)을 가리킨다. 아무튼 야웨의 날은 그 대상이 이스라엘이
든 이방국가이든 간에 원칙적으로 야웨 하나님의 진노의 날이다.

하지만 주전 8세기에 등장한 최초의 문서 예언자 아모스의 선포에
반영되어 있는 야웨의 날은, 적어도 그 당시 사람들에게는 이스라엘을
구원하는 날로 받아들여졌던 것 같다.

"화 있을진저 여호와의 날을 사모하는 자여
너희가 어찌하여 여호와의 날을 사모하느냐
그 날은 어둠이요 빛이 아니라"(암 5:18).

아모스 이후 몇몇 경우를 제외한 예언자들의 선포에서 야웨의 날은

주로 이스라엘을 벌주는 날로 이해되고 있다. 요엘도 선배 예언자들과 같이 야웨의 날을 이스라엘에 대한 심판의 날로 선포한다.

"시온에서 나팔을 불며
나의 거룩한 산에서 경고의 소리를 질러
이 땅 주민들로 다 떨게 할지니
이는 여호와의 날이 이르게 됨이니라
이제 임박하였으니"(욜 2:1; 참조. 욜 1:15; 2:11).

그러나 그는 여기서 멈추지 않는다. 그는 한걸음 더 나아가, 요엘 2:31-32과 3:14-16에서 야웨의 날이 이방국가를 심판하는 날이며, 따라서 자연히 이스라엘에게는 구원의 날이 될 것이라고 새롭게 선포한다.

"여호와의 크고 두려운 날이 이르기 전에
해가 어두워지고 달이 핏빛 같이 변하려니와
누구든지 여호와의 이름을 부르는 자는 구원을 얻으리니"(욜 2:31).

"사람[이방 민족들]이 많음이여,
심판의 골짜기에 사람이 많음이여,
심판의 골짜기에 여호와의 날이 가까움이로다"(욜 3:14).

요엘은 자신의 메시지 전반부에서는 야웨의 날을 이스라엘의 심판의 날로, 후반부에서는 이방국가의 심판, 즉 이스라엘의 구원의 날로 말하고 있다. 그렇다면 이스라엘에게 임할 심판이 어떻게 구원으로 바뀌었을까. 대체 무슨 일이 일어났기에, 야웨의 날의 운명을 심판에서 구원으로 바꿀 수 있었을까. 이는 이스라엘 백성이 진심에서 우러나오는 철저한 회개를 드린 것(욜 2:12-14)에 대해 하나님이 은혜와 자비로 응답해주신 결과다(욜 2:18). 백성의 참된 회개로 인하여 야웨의 날의 성격이 완전히 바뀌는, 그야말로 하나님의 엄청난 은혜가 주어진 것이다.

요엘에 의하면 철저한 회개만이 야웨의 날의 운명을 바꿀 수 있다. 야웨의 날은 본래 철저한 심판의 날이다. 이날, 심판대에 서지 않고 구원의 반열에 들기 위해서는 우리 모두 지금까지의 삶의 태도와 방향에서 선회해야 한다. 이러한 방향전환은 "옷을 찢는" 외형적인 변화가 아니라 "마음을 찢는" 철저한 참회에서 시작된다(욜 2:13). 철저한 회개만이 우리가 맞아야 할 당연한 심판을 은혜로 인한 구원으로 바꿀 수 있다. 당신이 맞을 야웨의 날은 어떤 날인가?

3) 조건적인 구원 약속(욜 2:32)

"누구든지 여호와의 이름을 부르는 자는 구원을 얻으리니
이는 나 여호와의 말대로
시온 산과 예루살렘에서 피할 자가 있을 것임이요
남은 자 중에 나 여호와의 부름을 받을 자가 있을 것임이니라"
(욜 2:32).

요엘은 야웨의 날이 이르기 전에 발생할 일을 하늘과 땅으로 나누어 묘사한다. 땅에는 "피와 불과 연기 기둥"이 임한다. "피"는 사람들의 죽음, "불"은 도시의 불길, "연기 기둥"은 참혹한 전쟁이나 화산 폭발과 같은 자연재난을 가리키는 것으로 보인다. 하늘에서는 "해와 달이 핏빛 같이 변한다." 예로부터 해와 달이 어두워졌다는 것은 무시무시한 재앙의 징조나 하나님의 심판으로 간주되었다.

> "그 앞에서 땅이 진동하며 하늘이 떨며
> 해와 달이 캄캄하며 별들이 빛을 거두도다"
> (욜 2:10; 참조. 사 13:9-10; 암 8:9 등).

요엘은 하늘과 땅에서 일어나는 이러한 사건들을 "이적"(מוֹפֵת '모페트')이라고 표현하고 있다. 여기서 "모페트"(מוֹפֵת)가 우리말 성경에는 "이적"으로 번역되었으나 사실 이 낱말은 일상적인 것을 완전히 벗어난 상황을 가리키는 것으로 일종의 "징조/표징"을 뜻한다. 따라서 이 사건들은 이적도 아니고 단순한 자연재해도 아니다. 이는 특정 사실을 암시하는 "징조"다.[6]

사실상 이것은 야웨의 날, 즉 하나님이 심판하시는 날을 가리키는 징조다. 따라서 이러한 세계적이고 우주적인 재난은 절망의 근거가 아니라 임박한 야웨의 날의 표징이며, 모두가 반드시 통과해야 할 과정이

---

6) H. W. Wolff, *Dodekapropheton 2: Joel/Amos*, Biblischer Kommentar Altes Testament (Neukirchen-Vluyn: Neukirchener Verlag, [3]1985), 81.

열두 예언자의 영성

다. 이때 "야웨의 이름을 부르는 자는 구원을 얻는다"(32절), "야웨의 이름을 부르다"(출 33:19) 등의 표현구는 일반적으로 예배시의 경배를 의미한다(창 12:8). 이는 단지 야웨께 기도하는 것만을 의미하지 않고 지속적으로, 그리고 오로지 야웨만을 경배하는 것을 의미한다(창 4:26; 13:4 등). 또한 이는 특히 어려운 상황 속에서도, 때로는 신앙이 다른 적국인들 가운데서도 야웨 하나님에 대한 신앙을 공개적으로 고백하는 것을 가리킨다.[7]

> "그 날에 너희가 또 말하기를
> 여호와께 감사하라 그의 이름을 부르며
> 그의 행하심을 만국 중에 선포하며
> 그의 이름이 높다 하라"(사 12:4; 참조. 시 105:1; 슥 13:9).

이방국가와 이방인들(타 신앙인) 앞에서도 야웨를 참 하나님으로 담대히 고백하는 자의 인생은 무시무시한 파멸로 끝나지 않는다. 하나님의 백성은 종국에는 수치를 당하지 않는다. 그들은 마지막 고난을 거치고 난 이후 반드시 구원을 받는다.

> "누구든지 여호와의 이름을 부르는 자는 구원을 얻으리니
> 이는 나 여호와의 말대로
> 시온 산과 예루살렘에서 피할 자가 있을 것임이요

---

7) 더글라스 스튜어트, 『호세아-요나』, WBC성경주석, 김병하 역 (서울: 솔로몬, 2011), 484.

남은 자 중에 나 여호와의 부름을 받을 자가 있을 것임이니라"

(욜 2:32).

하나님은 당신의 이름을 부르는 자를 결코 외면하지 않으시고 반드시 그를 구원하신다.

"내가 그 삼분의 일을 불 가운데에 던져

은 같이 연단하며 금 같이 시험할 것이라

그들이 내 이름을 부르리니 내가 들을 것이며

나는 말하기를 이는 내 백성이라 할 것이요

그들은 말하기를 여호와는 내 하나님이시라 하리라"(슥 13:9).

참된 구원과 축복은 역설적으로 고난의 길에서만 얻을 수 있다는 심오한 진리가 여기에서도 통용된다. 고난 가운데서도 하나님에 대한 믿음을 신실하게 고수한 사람에게는 고난이 멸망이 아니라 구원의 징조이자 구원에 이르는 관문이 된다.

그러므로 참 신앙인에게 모든 재난은 야웨의 날, 곧 구원의 날이 임박했음을 알리는 징조다. 성도들이 오늘날 경험하는 일체의 고난은, 비록 그 고난의 강도가 아주 강하다 해도 그것은 "멸망의 전조"가 아니라 "구원의 징조"다. 고난의 밤이 깊을수록 구원의 새벽은 더 가까운 법이다. 하나님의 이러한 섭리를 믿는 신앙인들에게는 그 어떤 고난도 재앙이 아니다. 이런 확신에 기초하여 한 시인은 다음과 같이 고백한다.

"고난 당한 것이 내게 유익이라

이로 말미암아 내가 주의 율례들을 배우게 되었나이다"(시 119:71).

3. 메시지

"내 영을 만민에게 부어주리니"라는 요엘의 예언은, 사실 오늘날 우리에게는 그다지 감동적이지 않은 말씀이다. 하나님의 영이 모든 사람에게 임하는 것은 너무나 당연하기 때문이다. 그러나 이 예언이 선포된 구약시대에는 이 말씀이 매우 낯설고 신기한, 새로운 복음과도 같은 소리였다. 구약에서 통상 성령의 수혜자는 특별한 인물로 제한되었기 때문이다. 성령은 모든 백성에게 주어지지 않았다.

예를 들면 모세는 하나님의 영을 받아서 이스라엘과 하나님 사이의 중보자 역할을 감당할 수 있었다. 모세와 같은 지도자나 왕이 없던 시절에는 사사와 같은 특정한 영웅에게 하나님의 영이 임하여 적을 몰아내는 전투력을 수여해주셨다. 때로 하나님의 영은 기드온이나 사울과 다윗 같은 자들에게 임하여 하나님의 백성을 통치하는 능력을 주셨다. 예언자들에게도 성령이 임해 하나님의 말씀을 대언하게 하셨다. 이처럼 구약에서의 성령은 특별히 선택받은 자들에게만 임하는 하나님의 능력이었다.

그런데 요엘의 비전에 따르면 하나님의 영은 차별 없이 모두에게 임한다. 아들과 딸에 대한 언급은 "성차별"이, 늙은이와 젊은이에 대한 언급은 "나이에 따른 차별"이, 남종과 여종은 "사회적 신분에 따른 차별"이 철폐됨을 가리킨다. 이와 같은 내용은 여성을 인구수에도 포함시키지 않았던 당시의 사회 환경을 고려할 때 가히 혁명적이었다. 또한 남종과 여종을 두었던 노예 제도가 당연시되던 사회에서 성령이 모든 신분의 차이를 뛰어넘어 모두에게 임한다는 사실은 더 놀라운 선언이 아닐 수 없었다.

주지하듯이 오늘날의 그리스도인들은 하나님이 약속하신 성령을 받은 사람들이다. 즉 성령을 이미 소유하고 있는 사람들이다. 성도들은 성령공동체 안에서 살고, 이 안에는 성차별이 없다. 세대 간의 갈등도 없다. 사회적 신분에 따른 소외도 없다. 만일 공동체 안에 성차별이나 세대 간의 갈등, 사회적 신분에 따른 소외가 있다면 그곳은 성령이 숨 쉬는 공동체가 아니다. 오히려 그 공동체는 성령이 근심하시고 탄식하시는 장소다. 그런 점에서 지금 우리는 한국교회가 건강한 성령공동체 인지 아니면 성령이 탄식하는 장소인지를 생각해보아야 할 것이다. 다시 말하거니와 성령공동체 안에 속한 성도들은 모두 동일한 성령을 받은, 동등한 하나님의 자녀다. 곧 모두 하나님의 백성이다.

성령은 우리가 세우는 모든 인종적·성적·사회적 벽을 끊임없이 허무시며, 수많은 분열과 차이에도 불구하고 우리를 하나로 묶으신다. 따라서 성령공동체인 하나님의 교회만큼은 인간이 만들어놓은 일체의 차별이 발을 들여 놓지 못하게 해야 한다.

종교개혁 이후 우리는 "만인 제사장설"(priesthood of all believers) 을 믿고 실천해왔다. 바로 여기서 요엘은 "만인 예언자설"(prophethood of all believers)을 제시하고 있다. 요엘은 하나님의 영이 더 이상 일부 사람에게만 독점되지 않고 모든 사람에게 물처럼 부어질 날을 노래한 다. 요엘은 모든 사람이 평등해지는 사회를 꿈꾸고 있다. 물론 이 모든 것은 하나님의 영이 사역하신 자연스러운 결과다.[8] 그렇다면 하나님의 영이 실제로 부어지고 있는 오늘날, 적어도 하나님의 교회만큼은 또 그리스도인이라면 그 어떤 사람도 아무런 차별 없이 따뜻하게 대해주어야 하지 않을까!

확실히 성령공동체 안에는 어떤 종류의 소외도 있을 수 없다. 오직 서로를 향한 관심과 배려만 있을 뿐이다. 하나님의 위로와 격려, 성도 간의 위로와 격려로 힘과 용기를 재충전받는 곳이 바로 성령공동체인 교회다(갈 3:26-29).

우리는 사도행전 2장에서 이와 같은 성령공동체의 성취를 발견할 수 있다. 오순절 성령강림을 통해 탄생한 초대교회는 두 가지 변화를 경험한다. 성령이 실제로 만민에게 부어지자 두 가지 변화가 일어난 것이다.

첫째는 종교적 측면으로, 기사와 표적의 출현이다.

"사람마다 두려워하는데 사도들로 말미암아 기사와 표적이 많이 나타나니"(행 2:43).

둘째는 사회적 측면으로, 물질을 공유하는 신앙생활 공동체의 탄생이다.

---

8) 송병현, 『호세아, 요엘, 아모스, 오바댜』, 엑스포지멘터리(서울: 국제제자훈련원, 2011), 363-364.

"44 믿는 사람이 다 함께 있어 모든 물건을 서로 통용하고 45 또 재산과 소유를 팔아 각 사람의 필요를 따라 나눠 주며"(행 2:44-45).

성령은 물질에 대한 신자들의 태도를 근본적으로 바꾸어버렸다. 성령은 "물질의 노예"였던 그들을 공공의 유익을 위해 물질을 현명하게 사용하는 "선한 청지기"로 바꾸어놓았다. 성령의 부어짐을 경험한 초대교회 신자들은 경제적으로 이전과 전혀 다른 종류의 삶을 살기 시작했다. 그들은 자기 소유의 밭과 집을 팔아서 공동체에 있는 가난한 사람들에게 나눠주었다. 여기 "밭과 집"이라는 단어는 기술적인 전문용어로서 "잉여의 밭과 집"을 뜻한다. 이것은 초대교회 성도들이 자기 물건을 모조리 팔아버렸다는 뜻이 아니라, 소유해야 할 가장 기본적인 것만 남겨놓고 나머지를 다 팔아서 가난한 이들을 도왔다는 얘기다.[9]

성령의 강림을 경험한 초대교회 성도들은 기사와 이적이라는 개인적인 영적 체험과 더불어 잉여의 소유를 가난한 자들과 나누는 사회적 행동을 자발적으로 감당했다. 결국 이들은 온 백성으로부터 칭송을 받았고, 그로 말미암아 구원받는 자들이 크게 증가했다.

"하나님을 찬미하며 또 온 백성에게 칭송을 받으니 주께서 구원 받는 사람을 날마다 더하게 하시니라"(행 2:47).

사도행전의 사례에서 볼 수 있듯이, 성령을 올바로 받으면 목소리

---

9) 김형국, 『교회를 꿈꾼다』(서울: 포이에마, 2012), 218.

가 변하는 것이 아니라 지갑이 변한다. 성령이 임하면 지갑이 열리는 것이다. 그리고 신자들의 지갑이 열리면 불신자들의 마음도 열린다.

3장

아모스,
"공동체 의식이 없는 자들의 예배는 하나님과 무관하다"

"오직 정의를 물같이"

(암 5:21-27)

아모스는 북 왕국 이스라엘의 여로보암 2세(주전 787-747년) 때 활동했던 예언자다(암 1:1). 아마도 그는 여로보암 2세의 전성기인 주전 760년경에 활동한 것으로 보인다. 그 당시 북 왕국은 정치적인 안정과 함께 경제적인 번영을 구가했다(왕하 14:23-29). 육로와 해상에 걸쳐 국제무역이 활발히 전개되었고(암 6:13), 포도주와 곡식을 팔아 부자가 된 유산계급이 생겨났으며(암 8:4-6), 사치스러운 여름 별장과 겨울 별장도 등장했다(암 3:15). 이러한 집들은 고가의 수입품인 상아용품으로 장식되었다(암 6:4). 그러나 이스라엘 내부적으로는 빈익빈 부익부 현상 같은 사회적 양극화가 심각했고 이로 인해 위화감이 조성되었다(암 2:6-7). 나아가 사회적 약자들의 마지막 보호 장치인 사법부조차도 뇌물에 매수됨으로써 약자들이 억울한 사정을 호소할 길이 아예 차단되어 어디 가서도 억울한 사정을 해결할 수 없어졌다(암 5:10-12). 당시 이스라엘의 피상적인 모습은 더할 나위 없이 좋아 보였을지 모르지만, 내부적으로는 사회적 불의와 도덕적 타락으로 곪아 문드러지고 있었다.

아모스는 예루살렘에서 남쪽으로 18km쯤 떨어진 작은 성읍 드고아 출신이었다. 즉 아모스는 남 왕국 유다 출신이었음에도 북 왕국 이스라엘에서 예언 활동을 한 셈이다. 그는 본디 양을 치고 뽕나무를 가꾸는 자였다(암 7:14-15). 아모스 1:1의 "목자"(נֹקֵד '노케드')는 아모스가

비교적 부유한 목축업자였음을 암시하고 있다.[1]

아모스는 북 왕국의 부패한 현실에 맞서 그것의 종말을 선포한다 (암 8:2). 그는 자신의 책에서 주로 심판을 선포한다. 아모스서의 핵심 메시지는 "오직 정의를 물 같이, 공의를 마르지 않는 강 같이 흐르게 할지어다"(암 5:24)이다. 이때문에 아모스에게는 "정의의 예언자"라는 별명이 붙여졌다.

1. 아모스 5:21-27의 배경과 구조

아모스 5:21-27은 보통 "제의 비판"(cultic criticism) 본문으로 불린다. 구약의 예언자 가운데 자신이 선포한 예언이 예언자 본인의 이름으로 묶여서 한 권의 책으로 남겨진 예언자들을 "문서 예언자"라고 부른다. 문서 예언자 중에서도 이사야, 예레미야, 에스겔을 대예언자라 하고, 호세아에서부터 말라기까지 열두 명의 예언자들은 소예언자라 한다. 최초의 문서 예언자인 아모스(주전 760년경)가 첫 포문을 연 제의 비판 주제는 이후의 예언자들에게도 깊은 영향을 끼쳤다(예, 사 1:10-17; 미 3:9-12; 렘 7:1-15 등). 아모스 5:21-27의 내용은 아모스 4:4-5과 관련된다. 이 두 본문은 이스라엘 백성의 제의에 대하여 비판하는 내용을 담고 있다. 먼저 아모스 4:4-5의 본문을 살펴보도록 하자.

"4너희는 벧엘에 가서 범죄하며

---

1) 차준희, 『최근 구약성서의 신앙』(서울: 프리칭아카데미, 2010), 176-177.

길갈에 가서 죄를 더하며

아침마다 너희 희생을,

삼일마다 너희 십일조를 드리며

5누룩 넣은 것을 불살라 수은제로 드리며

낙헌제를 소리내어 선포하려무나

이스라엘 자손들아

이것이 너희가 기뻐하는 바니라

주 여호와의 말씀이니라"(암 4:4-5).

여기서 "가서"라고 옮긴 히브리어의 원뜻은 "오라"다. 이 말은 본시 제사장들이 백성에게 성소로 오라고 초대할 때 쓰는 말투다. 이곳에는 벧엘과 길갈이라는 두 지역이 언급되고 있다.

먼저 벧엘은 이스라엘의 조상 야곱이 밧단아람으로 가던 중 꿈에서 하나님의 음성을 들은 장소다. "또 본즉 여호와께서 그 위에 서서 이르시되 나는 여호와니 너의 조부 아브라함의 하나님이요 이삭의 하나님이라 네가 누워 있는 땅을 내가 너와 네 자손에게 주리니"(창 28:13). 여기 벧엘이라는 말은 "하나님(אֵל '엘')의 집(בַּיִת '바이트')"이라는 뜻을 담고 있다. 우리가 즐겨 부르는 찬송가 "야곱이 잠깨어 일어난 후 돌단을 쌓은 것 본받아서"(찬송가 338장)라는 가사의 배경이 되는 장소가 바로 이 벧엘이다. 한편 벧엘은 분열왕국 시대에 북 왕국의 초대 왕 여로보암 1세가 단을 쌓은 곳이기도 하다. "28이에 계획하고 두 금송아지를 만들고 무리에게 말하기를 너희가 다시는 예루살렘에 올라갈 것이 없도다 이스라엘아 이는 너희를 애굽 땅에서 인도하여 올린 너희의 신들이

3장 • 아모스, "공동체 의식이 없는 자들의 예배는 하나님과 무관하다"

라 하고 ²⁹하나는 벧엘에 두고 하나는 단에 둔지라"(왕상 12:28-29).

다음으로 길갈은 여호수아가 약속의 땅 가나안에 진입하여 처음으로 진을 친 곳이다. "첫째 달 십일에 백성이 요단에서 올라와 여리고 동쪽 경계 길갈에 진 치매"(수 4:19). 따라서 북 왕국에서 벧엘과 길갈은 유서 깊은 성지로, 그곳에는 성소가 있었다.

당시 제사장들은 백성에게 특정한 성소로 가서 제사할 것을 권고하곤 했다. 이런 제사장의 초대의 말에 뒤이어 나올 말은 당연히 "그리고 그곳에서 죄를 씻으라", 즉 "제사를 드려 너희의 죄를 속하라"일 것이다. 이런 말들은 제사장들이 하는 전형적인 말투다. 그런데 바로 이 대목에서 아모스가 나선다. 예언자 아모스는 제사장의 어투를 패러디해서 말한다. 아모스의 말은 상식을 뒤집는다. "성소에 가서 죄나 실컷 지어라"라는 것이다. 이것은 성소가 죄를 씻는 곳이 아니라 오히려 죄를 더하는 자리가 됐다는 말이다. "속죄의 자리"가 "범죄의 자리"가 되어버린 것이다.

예배는 하나님을 찬양하고 하나님 한 분만을 높이는 자리다. 하지만 이스라엘 백성의 제사/예배는 하나님을 기쁘시게 하는 것이 아니라 자신들이 즐기는 의례적인 행사가 되어버렸다. 이스라엘 백성의 제사는 "하나님을 섬기는 예배"(Gottesdienst: 하나님 섬김)가 아니라, "자신의 뜻과 욕망을 이루기 위한 수단"으로 변질되어 결국 "자신을 섬기는 일"(Selbstbedienung: 자기 섬김)이 되어버린 것이다. 이스라엘 백성이 드린 예배는 "하나님에 대한 예배"가 아니라 "인간의 예배", 즉 자신을 예배하는 의식이 되어버렸다. 본시 하나님의 백성은 "거룩한 곳"(성소)이 아니라 "거룩한 분"(하나님)을 찾아야 한다.[2] 거룩한 분과의 친교가 없다면, 거룩한 곳에서는 소동만이 있을 뿐이다. 그런데 지금 그런 일들이 버젓이 벌어지고 있는 것이다.

> "4 여호와께서 이스라엘 족속에게 이와 같이 말씀하시기를
> 너희는 나를 찾으라 그리하면 살리라
> 5 벧엘을 찾지 말며
> 길갈로 들어가지 말며
> 브엘세바로도 나아가지 말라
> 길갈은 반드시 사로잡히겠고
> 벧엘은 비참하게 될 것임이라 하셨나니"(암 5:4-5).

변질된 예배는 하나님과는 무관한 종교형식주의에 빠진 사람들의 자기 만족감을 채워줄 뿐이다. 어쩌면 오늘날 주일 하루 잠깐 짬을 내서 예배 한 번 드리는 것으로 신앙생활을 다했다고 착각하는 사람들이 이런 부류에 속할지 모른다. "형식적인 예배"는 있으나 "진정한 예배"가 존재하지 않는 곳이 바로 북 왕국의 국가성소에서의 예배였다. 이러한 배경에서 아모스 5:21-27이 선포된다. 이 본문의 구조를 간략하게 정리하면 다음과 같다.

1) 5:21-24: 하나님과의 만남 불가능

---

2) J. L. Mays, *Amos*, Old Testament Library (London: SCM Press, 1969), 86.

21절: 절기와 성회의 거부

22절: 제사의 거부

23절: 노랫소리와 비파소리의 거부

24절: 정의와 공의의 결여

2) 5:25-27: 광야시절의 회고와 유배의 예고

25-26절: 이상적인 광야시절의 회고[고발]

27절: 유배의 예고[심판선포]

2. 아모스 5:21-27의 본문 풀이

1) 하나님과의 만남 불가능(암 5:21-24)

(1) 절기와 성회의 거부(21절)

"내가 너희 절기들을 미워하여 멸시하며

너희 성회들을 기뻐하지 아니하나니"(암 5:21).

아모스 5:21-24의 제의 비판 선포는 아마도 벧엘 성소에서 행해진 것으로 보인다. 벧엘의 제사장 아마샤가 북 왕국 왕 여로보암에게 보내는 아모스 7:11b의 보고―"이스라엘은 반드시 사로잡혀 그 땅에서 떠나겠다 하나이다"―는 아모스의 이 선포를 가리킨다고 볼 수 있기 때문이다.

아모스 5:21은 북 왕국의 "절기 행사"를 언급하고, 5:22은 구체적인

"제물"을 언급하고, 5:23은 "찬양"을 언급한다.[3] 아모스 5:21a의 "내가 미워하고(שָׂנֵא '사네'), 내가 멸시하다(מָאַס '마아스'['버리다'])"라는 거절을 표시하는 심한 표현이 이렇게 반복해서 나타나는 것은 매우 드문 경우로, 이는 하나님의 강한 거부감을 드러내 준다. 대개 "야웨의 버리심"(מָאַס '마아스')은 야웨에 대한 사람들의 배반(버림)에 대한 대응으로 나타난다.

"왕이 여호와의 말씀을 버렸으므로(מָאַס '마아스')
여호와께서도 왕을 버려(מָאַס '마아스') 왕이 되지 못하게 하셨나이다"
(삼상 15:23 등).

그렇다면 하나님의 절기 거부는 이스라엘의 하나님 거부에 대한 반응이었다. 또한 "너희 성회들을 기뻐하지(רִיחַ '리아흐') 아니하리니"(21b절)에서 "기뻐하다"는 본래 "흠향하다/받으시다"라는 뜻이다. 이 단어는 제물과 관련되어 쓰이는 용어다.

"여호와께서 그 향기[번제물의 향기]를 받으시고(רִיחַ '리아흐')"(창 8:21; 참조. 레 26:31; 삼상 26:19 등).

하나님은 이스라엘이 모이는 절기와 성회뿐만 아니라 그들이 드리는 제물도 모두 거부하신다.

---

3) 박철우, 『아모스/오바댜』, 대한기독교서회 창립 100주년 기념(서울: 대한기독교서회, 2001), 203.

3장 • 아모스, "공동체 의식이 없는 자들의 예배는 하나님과 무관하다"

(2) 제사의 거부(22절)

"너희가 내게 번제나 소제를 드릴지라도 내가 받지 아니할 것이요
너희의 살진 희생의 화목제도 내가 돌아보지 아니하리라"(암 5:22).

여기서는 세 개의 전통적인 핵심 제사인 "번제"(עֹלוֹת '올로트', 레 1장),
"소제"(מִנְחֹת '민호트', 레 2장), "화목제"(שֶׁלֶם '쉘렘', 레 3장)가 모두 거부
된다. "내가 받지 아니할 것이요"에서 "받다"라는 히브리어 동사 "라차"
(רָצָה)의 주어가 하나님으로 나오는 경우는 희생제사나 제사 행위의 열
납 여부를 표현한다.

"너희는 화목제물을 여호와께 드릴 때에 기쁘게 받으시도록(רָצָה '라차')
드리고"(레 19:5).

하나님은 이스라엘이 드리는 모든 제사를 합당한 것으로 인정하지
않으실 뿐 아니라("내가 받지 아니할 것이요"), 심지어 그것을 거들떠보지
도 않으신다("내가 돌아보지 아니하리라"). 이처럼 이스라엘의 핵심적인
제사들도 이를 명령하신 하나님에 의해서 철저히 거부되고 있다.

(3) 노랫소리와 비파소리의 거부(23절)

"네 노랫소리를 내 앞에서 그칠지어다
네 비파 소리도 내가 듣지 아니하리라"(암 5:23).

또한 하나님은 제사를 드릴 때 함께 드려지는 노랫소리도 집어치우라고 말씀하신다. 이들의 노래와 악기(비파)에서 나오는 음은 하나님이 들으시기에 한낱 소리(הֲמוֹן '하몬')에 불과하다. 이 소리는 하나님의 귀에는 전쟁 소리 혹은 수많은 사람이 한꺼번에 소리를 낼 때 생기는 소음(הֲמוֹן '하몬')에 지나지 않는다. 하나님은 코로 냄새 맡는 것("내가 받지 아니할 것이요", 22b절), 눈으로 보는 것("내가 돌아보지 아니하리라", 22b절), 귀로 듣는 것("내가 듣지 아니하리라", 23b절) 모두를 거부하신다.[4] 하나님은 차라리 코를 막고 눈도 감고 귀도 막고 싶어하신다. 하나님의 백성이라는 작자들이 하는 일체의 형식적인 제사행위가 꼴도 보기 싫어서 하나님은 엄청나게 괴로워하고 계신다.

당신을 향한 예배를 오히려 괴로워하시는 하나님! 하나님을 기쁘시게 하는 예배의 자리가 도리어 하나님을 고문하는 자리가 되어버렸다. 이 얼마나 아이러니한 상황인가. 그렇다면 오늘 우리가 드리는 예배는 어떤가. 지금 내 예배는 하나님이 어떻게 받으실까?

(4) 정의와 공의의 결여(24절)

"오직 정의를 물 같이,
공의를 마르지 않는 강 같이 흐르게 할지어다"(암 5:24).

---

4) H. W. Wolff, *Dodekapropheton 2: Joel und Amos*, Biblischer Kommentar Altes Testament (Neukirchen-Vluyn: Neukirchener Verlag, ³1985), 308.

24절은 이스라엘의 제사가 어쩌다가 이 지경에 이르게 되었는지를 분명하게 밝혀준다. 하나님께 제사를 드리면 드릴수록 하나님은 더욱더 괴로워하시고 결국에는 제사 때문에 머리끝까지 화가 나신다. 왜 그럴까? 정의(מִשְׁפָּט '미쉬파트')와 공의(צְדָקָה '체다카')가 결여됐기 때문이다. 정의와 공의가 없는 예배는 하나님과의 만남을 불가능하게 한다.[5] 그래서 아모스는 "오직 정의를 물 같이, 공의를 마르지 않는 강 같이 흐르게 할지어다"라고 외친다. 여기에서 "미쉬파트"(מִשְׁפָּט)와 "체다카" (צְדָקָה)는 동의어로 쓰였으므로, 이 둘의 의미를 엄격하게 구분할 필요는 없다. 이 둘은 "공동체 의식/공공 의식/공공성"(Gemeinschaft)이라고 해석함이 가장 적절해 보인다.[6] 즉 공동체 의식이 없는 자들의 예배는 하나님과 무관하다.

인간관계에서 가장 이상적인 관계는 서로가 한 몸이라는 공동체 의식이 흐를 때다. 바로 이때 사회는 건강해지고 특히 약한 사람들이 보호를 받는다. 따라서 한 사회의 정의와 공의의 척도는 그 사회의 약자가 얼마나 제대로 보호되고 있는지에 달렸다. 약자들의 탄식이 그치지 않는 곳에서 드리는 예배는 무익한 허례의식, 즉 쓸모없는 짓이다.

"오직 정의를 물 같이, 공의를 마르지 않는 강 같이 흐르게 할지어다"에서 "흐르다"라는 동사의 본뜻은 "강력하게 흐르다"이다. 그리고 "강"으로 번역된 히브리어 "나할"(נַחַל)은 쉽게 말라버리는 겨울의 시내가 아니라 일 년 내내, 심지어 건기 때도 물이 마르지 않고 줄기차게 흐

---

5) 요룩 예레미아스, 『아모스』, 채홍식 역(서울: 성서와함께, 2006), 143.

6) U. Dahmen/G. Fleischer, *Die Bücher Joel und Amos*, Neuer Stuttgarter Kommentar Altes Testament (Stuttgart: Verlag Katholisches Bibelwerk, 2001), 211.

르는 강을 가리킨다. 여기서는 "마르지 않는 강"(문자적으로는 "강한 물길")이라는 표현을 씀으로써, 강의 흐름이 일 년 내내 끊임없이 계속되어야 함을 강조하고 있다.[7] 한 사회 안에 내재하는 공동체 의식(정의와 공의)은 풍부한 수량과 함께 넘쳐흐르는 강물처럼 그렇게 쉼 없이 지속적으로 흘러내려야 한다. 이런 공동체 의식은 마치 인간의 몸에 흐르는 피와도 같다. 인체 내부의 모든 기관은 혈관으로 연결되어 있고, 이를 통하여 온몸에 피가 흐른다. 만일 피가 부족하거나 멈추면 인체에 치명적인 결과를 초래한다. 마찬가지로 공동체 의식이 결여되면 그 공동체는 고통을 받게 되고, 서서히 죽음을 향해 치닫게 된다.

여기서 우리는 종교적이며 하나님의 영역에 속한다고 믿는 제사(cult) 혹은 예배(worship)를 하나님이 철저하게 배척하시고, 비종교적이고 세속적인 개념으로 받아들이기 쉬운 정의와 공의(공동체 의식)가 하나님의 일차적 관심사라는 사실에 주목해야 한다.[8]

이것은 제사법이 결코 윤리법보다 앞서지 못함을 말해준다. "윤리적 삶"이 "종교적 의식"보다 우선시되어야 한다. 물론 이것은 예배를 윤리적 삶으로 대신하라는 말은 아니다. 여기서 아모스가 문제 삼는 것은 "예배"가 아니라 "예배자"다. 분명 예배는 하나님과의 교제를 가능하게 하고, 따라서 예배 없이 하나님과 만나기란 불가능하다. 예배 없는 신앙생활은 불가능하다는 말이다. 하지만 문제는 예배자다. 좀더 구체적으로 말하면 예언자 아모스가 말한 북 왕국 이스라엘의 근본적인 문제

---

7) 더글라스 스튜어트, 『호세아-요나』, WBC성경주석, 김병하 역(서울: 솔로몬, 2011), 633.
8) 류호준, 『아모스: 시온에서 사자가 부르짖을 때』(서울: 크리스챤다이제스트, 1999), 302.

는 예배자의 삶이었다.

따라서 이 말씀은 하나님께 온전한 예배를 드리려면 거기에는 윤리적인 삶이 반드시 함께 동반되어야 함을 말한다. 공동체 의식이 결여된 이기적인 예배자는 아무리 예배를 많이 드린다 할지라도 결코 하나님과 만날 수 없다. 그런 예배자는 하나님이 절대로 만나주시지 않는다. 공동체 의식이 결여된 예배자는 하나님도 만나기 싫어하시는 죄인일 뿐이다.

2) 광야시절의 회고와 유배의 예고(암 5:25-27)
(1) 이상적인 광야시절의 회고[고발](25-26절)

"25 이스라엘 족속아 너희가 사십 년 동안 광야에서 희생과 소제물을 내게 드렸느냐 26 너희가 너희 왕 식굿과 기윤과 너희 우상들과 너희가 너희를 위하여 만든 신들의 별 형상을 지고 가리라"(암 5:25-26).

아모스는 희생 제물과 소제물을 드리지 않고도 하나님과의 관계를 유지할 수 있었던 광야시절을 회고한다.

"이스라엘 족속아 너희가 사십 년 동안 광야에서 희생과 소제물을 내게 드렸느냐?"(25절)

하나님과의 관계는 짐승의 피나 기름으로 드리는 제의적인 의식을 통해서 맺어지는 것이 아니다. 이어 나오는 26절은 우리말 개역한글판과 개역개정성경과 같이 주로 평서문으로 번역된다. 그러나 26절은 25절과 연결하여 의문문으로 번역되기도 한다.[9] 여기서는 26절의 주어와 동사가 25절과 동일하게 연결되고 있기에, 26절은 25절의 수사학적 의문문과 같은 의문문으로 보아야 한다.[10] 이를 의문문으로 번역하면 다음과 같다.

"그리고 너희는 너희 왕 식굿과 너희가 너희 자신을 위하여 만든 너희 별신 너희 우상 기윤을 지고 돌아다녔느냐?"(26절)

"식굿"과 "기윤"은 아시리아의 별신 "사쿳"(Sakkut)과 "카이완"(Kajwan)을 달리 표현한 것이다.[11] 이스라엘은 광야시절 사쿳과 카이완 같은 이방신들을 섬기지 않았다. 광야시절에는 희생제사가 요구되지 않았다는 전승은 또 다른 예언서에서도 전해진다.

"21 만군의 여호와 이스라엘의 하나님께서 이와 같이 말씀하시되 너희 희생제물과 번제물의 고기를 아울러 먹으라 22 사실은 내가 너희 조상들을 애굽 땅에서 인도하여 낸 날에 번제나 희생에 대하여 말하지 아니하며 명령하지 아니하고"(렘 7:21-22).

---

9) H. W. Wolff, *Dodekapropheton 2: Joel und Amos*, Biblischer Kommentar Altes Testament (Neukirchen-Vluyn: Neukirchener Verlag, ³1985), 303, 310.

10) 박철우, 『아모스/오바댜』, 대한기독교서회 창립 100주년 기념(서울: 대한기독교서회, 2001), 206.

11) 송병현, 『호세아, 요엘, 아모스, 오바댜』, 엑스포지멘터리(서울: 국제제자훈련원, 2011), 520.

아모스 5:25-26의 광야시절을 회고하는 말씀은, 정의와 공의의 삶이 실종된 채 제사에만 치중하는 당시 이스라엘을 책망하는 일종의 고발에 속한다. 광야에서의 삶을 예로 들어 하나님과의 가장 이상적인 관계는 제사보다 삶이 우선적이라는 점을 설명하는 것이다. 이를 통하여 예언자는 공동체 의식 없이 제사에 치중하는 삶이 옳지 않다고 지적한다.

(2) 유배의 예고[심판선포](27절)

"내가 너희를 다메섹 밖으로 사로잡혀 가게 하리라
그의 이름이 만군의 하나님이라 불리우는 여호와께서 말씀하셨느니라"
(암 5:27).

결국 이스라엘 백성에게 심판이 선포된다. 그들은 약속의 땅에서 쫓겨나 이방인의 땅으로 유배될 것이다.

"내가 너희를 다메섹 밖으로 사로잡혀 가게 하리라."

그들의 유배지는 부정한 땅이다.

"여호와께서 이와 같이 말씀하시기를 네 아내는 성읍 가운데서 창녀가 될 것이요 네 자녀들은 칼에 엎드러지며 네 땅은 측량하여 나누어질 것이며 너는 더러운 땅에서 죽을 것이요 이스라엘은 반드시 사로잡혀 그의 땅에서 떠나리라 하셨느니라"(암 7:17).

즉 그들이 유배될 땅은 하나님을 예배하는 것이 불가능한 곳이며, 하나님께 가까이 다가갈 수도 없는 땅이다. 하나님과의 만남이 불가능하기 때문에 이스라엘은 살아 있지만 죽은 자와 같을 것이다. 이처럼 예배가 없는 삶은 비록 몸은 살아 있으나 이미 죽은 자의 삶과 별반 다르지 않다.

공동체 의식 없이 예배만 드린다면 결국은 심판을 당할 것이라는 무서운 예언으로 아모스의 고발과 심판의 말씀은 끝이 난다.

3. 메시지

아모스를 일컬어 흔히 "정의(正義)의 예언자"라고 한다. 이는 아모스서의 핵심 메시지 "오직 정의를 물 같이, 공의를 마르지 않는 강 같이 흐르게 할지어다"(암 5:24)에서 비롯된 것이다. 하나님이 원하시는 것은 희생 제물이나 곡식 제물, 십일조 따위가 아니라 매일매일의 생활 속에서 정의와 공의를 행하는 삶이다. 이집트에서 탈출한 이후 광야에서의 40년은 야웨와 이스라엘이 허니문(honeymoon)을 보내는 기간이었다. 이 시기에 하나님과 이스라엘은 가장 친밀한 관계에 있었다. 그 기간에는 희생 제물이나 곡식을 제물로 바치는 제사가 없었다.

"이스라엘 족속아, 사십 년을 광야에서 사는 동안에,
너희가 나에게 희생 제물과 곡식 제물을 바친 일이 있느냐?"(암 5:25)

아모스는 하나님과의 관계에서 일차적인 것은 제물이 아님을 분명히 말하고 있다. 사실 제물 자체가 하나님을 기쁘시게 하는 것은 아니다.

"내가 수소의 고기를 먹으며 염소의 피를 마시겠느냐?"(시 50:13)

우리가 드리는 모든 제물은 본디 우리의 것이 아니라 하나님의 것이다.

"10 이는 삼림의 짐승들과 뭇 산의 가축이 다 내 것이며
11 산의 모든 새들도 내가 아는 것이며 들의 짐승도 내 것임이로다
12 내가 가령 주려도 네게 이르지 아니할 것은
세계와 거기에 충만한 것이 내 것임이로다"(시 50:10-12).

아모스는 예배자들이 망각하고 있는 보다 더 근본적인 것을 설파하고 있다. 그것은 바로 정의(מִשְׁפָּט '미쉬파트')와 공의(צְדָקָה '체다카')다. 이 둘은 "공동체 의식", 혹은 "공공 의식"을 뜻한다. 예배를 통하여 하나님의 임재를 경험한 사람은 이웃을 형제로 인식하고, 다른 사람들과 연대의식 혹은 공동체 의식을 갖게 된다. 하나님 앞에 바로 선 사람은 이웃을 자신의 형제로 여기는 공동체 의식/공공 의식을 갖게 된다는 것이다. 따라서 "이웃 사랑이 없는 예배"는 "하나님이 없는 예배"와 매한가지다. 야웨 신앙의 핵심은 "예배 의식" 자체보다는 "공동체 의식/공공 의식"을 실천하는 삶에 있다.

하나님의 백성이 예배를 통하여 형성한 하나님과의 공동체 의식은 그들의 일상적인 생활 속에서 다른 사람과의 공동체 의식으로 표출되어야 한다. 남 유다 사람 아모스가 자기 생업을 뒤로하고 추방을 각오하면서까지 이웃나라 북 이스라엘로 가서 전한 것이 바로 이러한 "공동체 의식(מִשְׁפָּט '미쉬파트')의 영성"이었다. 북 왕국은 하나님께 열심히 예배를 드렸지만 "공동체 의식의 영성"이 없어서 결국 망했다. 공동체 의식의 영성은 국가의 존망을 결정짓는 중요한 영성이다. 이것은 특히 약자들의 아픔에 얼마나 민감하게 반응하는지에 달려 있다.

한 사회의 정의와 공의의 척도는
그 사회의 약자가 얼마나 배려받고 보호되고 있는가에 달려 있다.

한 교회의 정의와 공의의 척도는
그 교회의 약자가 얼마나 배려받고 보호되고 있는가에 달려 있다.

한 개인의 정의와 공의의 척도는
그 사람이 약자들을 얼마나 배려하고 보호하고 있는가에 달려 있다.

2011년은 스테판 에셀(프랑스 레지스탕스 출신의 93세 노인)의 "분노하라"라는 외침이 전 세계를 감전시켰던 한 해였다. 그가 쓴 『분노하라』는 표지까지 다 해서 겨우 34쪽에 불과한 아주 얇은 책이다.[12] 그런데

---

12) 스테판 에셀, 『분노하라』, 임희근 역(서울: 돌베개, 2011).

이 책은 프랑스에서 출간(2010년 10월 출간)한 지 7개월 만에 200만 부가 판매되었고, 전 세계 20여 개국의 언어로 번역되어 세계 각처에 분노 신드롬을 일으켰다. 우리말로도 번역된 이 책의 한 대목을 보면 이런 글이 있다.

"어느 누구라도 인간의 권리를 제대로 누리지 못하고 있는 사람을 만나거든 부디 그의 편을 들어주고 그가 그 권리를 찾을 수 있도록 도움을 주라"(16쪽).

"최악의 태도는 무관심이다. '내가 뭘 어떻게 할 수 있겠어? 내 앞가림이나 잘 할 수밖에…' 이런 식으로 말하는 태도다"(22쪽).

바라건대 한국교회 성도들의 삶 속에서도 아모스가 힘써 선포한 공동체 의식의 영성이 보다 더 풍성해졌으면 한다. 신자의 일상이 참 경건과 경건한 척하는 것을 가른다.[13] 곧 경건과 불경건을 가르고 결정짓는 것은 신자의 "예배의 자리"가 아니라 "일상의 자리"다. 따라서 우리의 일상적 삶이 예배여야 한다. 문제는 예배보다 예배자다. 하나님은 예배뿐만 아니라 예배자도 주목하신다.

예배와 삶이 하나가 되기를…

---

13) U. Dahmen/G. Fleischer, *Die Bücher Joel und Amos*, Neuer Stuttgarter Kommentar Altes Testament (Stuttgart: Verlag Katholisches Bibelwerk, 2001), 212.

우리의 삶이 정의와 공의로 가득 채워지기를…

우리의 삶과 교회가 공동체 의식으로 충만해지기를…

성경에만 밑줄 치지 말고 삶에도 밑줄 치는 사람이 되기를…

4장

오바댜,
"악의 없는 방관은 없다"

"네가 멀리 섰던 날"

(옵 1:10-16)

예언자 오바댜는 이름 외에는 알려진 바가 없다(옵 1:1). 오바댜의 이름은 "에베드"(עֶבֶד, 종)와 "야"(יָה, 야웨의 줄임말)의 합성어로, "야웨의 종"(servant of Yahweh) 또는 "야웨를 섬기는 자"(one who serves Yahweh)라는 뜻이다. 주전 587년 예루살렘이 함락될 당시 혹은 그 이후에 에돔 사람들이 보여준 태도를 묘사하고 있는 오바댜 1:11-14에 따르면, 오바댜는 이 사건을 목격하거나 그 시대에 살았던 사람으로 보인다.

오바댜서의 핵심 메시지는 다음과 같다. "여호와께서 만국을 벌할 날이 가까웠나니 네가 행한 대로 너도 받을 것인즉 네가 행한 것이 네 머리로 돌아갈 것이라"(옵 1:15). 인생은 심은 대로 거두는 법이다. 오바댜서는 다른 사람의 불행을 즐기는 죄(참조. "가난한 자를 조롱하는 자는 그를 지으신 주를 멸시하는 자요 사람의 재앙을 기뻐하는 자는 형벌을 면하지 못할 자니라", 잠 17:5)와 자신에게도 그러한 환난이 임할지 모른다는 사실을 외면하고 사는 교만을 경고한다.

1. 오바댜 1:10-16의 배경과 구조

오바댜서는 구약성경 중에서 가장 짧은 책이다. 이 책은 장(章) 없이 21개의 절로만 구성되어 있다. 또한 이 책은 어느 시대, 어떤 사건을 역사적 배경으로 삼고 있는지가 확실하지 않다. 예언자 오바댜가 사역하던 시대에 통치했던 왕의 이름이나, 대표적인 사건이 전혀 언급되지 않기 때문이다. 오바댜서에는 흔히 예언서에서 언급되는 유다 아무개 왕이나 이스라엘 아무개 왕이라는 진술이 없다. 그냥 "오바댜의 묵시라"로 시작한다. 그 외에 아무런 정보도 제공하지 않는다. 다만 한 가지 분명한 것은 에돔이 유다에 엄청난 피해를 입힌 사건이 오바댜가 선포하는 메시지의 배경이 되고 있다는 점이다.

앞서 말한 것 같이 에돔이 유다에게 엄청난 피해를 안긴 사건은 아마도 주전 587년 예루살렘이 바빌로니아에 의해서 함락된 때를 가리키는 것으로 보인다. 예루살렘이 바빌로니아 군대에 함락되던 해에 에돔도 그 정복자들 사이에 있었고, 이때 그들이 바빌로니아의 침략자들을 부추긴 일이 또 다른 본문에 기록되어 있다.

"여호와여 예루살렘이 멸망하던 날을 기억하시고
에돔 자손을 치소서
그들의 말이 헐어 버리라 헐어 버리라
그 기초까지 헐어 버리라 하였나이다"(시 137:7).

또 주전 587년 남 왕국이 멸망한 이후, 유다 백성이 조국의 멸망을 기억하고 기념하는 자리에서 쏟아 놓았던 탄원에서도 에돔에 대한 한 맺힌 원한과 함께 시온의 회복에 대한 희구가 나온다.

"21 우스 땅에 사는 딸 에돔아
즐거워하며 기뻐하라

잔이 네게도 이를지니

네가 취하여 벌거벗으리라

22딸 시온아 네 죄악의 형벌이 다하였으니

주께서 다시는 너로 사로잡혀 가지 아니하게 하시리로다

딸 에돔아 주께서 네 죄악을 벌하시며

네 허물을 드러내시리로다"(애 4:21-22).

이처럼 오바댜는 주전 587년 유다와 예루살렘의 파국의 현장을 경
험한 인물로 보인다. 따라서 오바댜서는 주전 587년 이후에 나온 것으
로 추정된다.[1]

에돔은 야곱의 쌍둥이 형인 에서에게서 비롯된 족속이다. 에서와 야
곱은 태어나기 전 어머니의 뱃속에서부터 갈등을 빚었고, 급기야는 두
사람이 성인이 된 후 장자권 다툼으로 갈등이 극에 달해 결국 야곱이
집을 떠나게 된다. 에서는 집을 떠난 야곱이 20년 만에 외삼촌이자 장
인인 라반의 집에서 돌아올 때 이미 에돔 지역에 정착해서 살고 있었
다. 바로 이 에서의 후손이 에돔이고, 야곱의 후손이 이스라엘이다. 그
렇게 볼 때 에돔과 이스라엘, 두 국가는 형제 국가다. 불행하게도 형제
국가가 철천지원수 관계가 된 것이다. 이러한 상황에서 오바댜 1:10-16
의 말씀이 선포된다. 이 본문의 구조는 크게 두 부분으로 나눌 수 있다.

10-14절: 에돔에 대한 심판의 이유

---

1) 베르너 H. 슈미트, 『구약성서 입문』, 차준희/채홍식 역(서울: 대한기독교서회, 2007), 321.

15-16절: 열방의 심판

2. 오바댜 1:10-16의 본문 풀이

1) 에돔에 대한 심판의 이유(옵 1:10-14)

먼저 10-11절의 내용을 살펴보자.

> "10네가 네 형제 야곱에게 행한 포학으로 말미암아
> 부끄러움을 당하고 영원히 멸절되리라
> 11네가 멀리 섰던 날
> 곧 이방인이 그의 재물을 빼앗아 가며
> 외국인이 그의 성문에 들어가서
> 예루살렘을 얻기 위하여 제비 뽑던 날에
> 너도 그들 중 한 사람 같았느니라."

10절에서 오바댜는 에돔이 영원히 멸망할 것이라고 선언한다. 에돔이 형제 야곱에게 행한 포악, 즉 폭행 때문이다. 구약성경에서 야곱은 보통 북 왕국 이스라엘을 가리킨다. 그런데 오바댜는 지속적으로 남 왕국을 야곱이라고 부른다(10절, 17-18절). 이것은 쌍둥이 형제였던 유다의 조상 "야곱"과 에돔의 조상 "에서"의 관계를 드러내기 위해서다. 에돔은 절대로 형제 나라 유다에게 해를 입힐 수 없는 위치에 놓여 있다. 왜냐하면 에서와 야곱은 같은 조상에서 비롯된 족속들이기 때문에 둘이 서로 의지하고 돕는 것이 당연한 일이었다.

"24 그 해산 기한이 찬즉 태에 쌍둥이가 있었는데 25 먼저 나온 자는 붉고 전신이 털옷 같아서 이름을 에서라 하였고 26 후에 나온 아우는 손으로 에서의 발꿈치를 잡았으므로 그 이름을 야곱이라 하였으며 리브가가 그들을 낳을 때에 이삭이 육십 세였더라"(창 25:24-26).

그런데 다른 자도 아닌 형제 국가 에돔이 야곱에게 잔인한 폭력을 행사한 것이다. 통념을 벗어난 행동을 한 에돔을 하나님은 영원히 멸절하기로 작정하셨다. 실제로 오랜 세월이 지나 하스몬 왕조 시대에 이두매 사람들(Idumaea, 에돔 사람들을 가리키는 헬라어적 표기)은 히르카누스(John Hyrcanus, 주전 134-104년)에 의해서 정복되었고, 이로써 에돔은 더 이상 독립된 민족으로서 존재하지 않게 되었다.[2]

11절은 유다가 이방인의 공격을 받아 약탈에 시달릴 때에 드러났던 에돔의 행태를 지적하고 있다. 여기서 이방인과 외국인은 바빌로니아 군대를 가리킨다. 이 군대는 예루살렘 성을 정복하고, 승자의 몫으로 챙길 전리품을 나누기 위해 제비를 뽑고, 그 성읍의 재산을 그 거주민들에게 새롭게 분배하였다. 이와 같은 행태들은 전시에 흔히 발생하는 일들이다.[3] 이때 그들은 형제가 고통을 당하는 현장에서 거리를 두고 멀리 서 있었다.

---

2) L. C. Allen, *The Books of Joel, Obadiah, Jonah, and Micah*, The New International Commentary on the Old Testament (Grand Rapids, Michigan: William B. Eerdmans Publishing Company, 1976), 155.

3) U. Struppe, *Die Bücher Obadja, Jona*, Neuer Stuttgarter Kommentar Altes Testament (Stuttgart: Verlag Katholisches Bibelwerk GmbH, 1996), 37.

"네가 멀리 섰던 날"(11절).

여기 이 자세가 문제의 발단이다. 하지만 에돔은 형제 국가가 어려움에 처하자 방관자적인 자세를 취했다. 에돔은 형제 국가인 유다의 멸망을 수수방관한 것 자체만으로도 이미 심각한 문제가 될 수 있는 특수한 위치에 있다. 위기에 처한 유다의 눈에 에돔의 방관자적 태도는 승리의 술에 취해 입성하는 약탈자와 동일시된다. 방관자는 약탈자와 다르지 않다.

"너도 그들 중 한 사람 같았느니라"(11절).

이것은 오늘 우리 사회에서 또 개인의 인간관계 속에서 반복적으로 나타나는 비극적인 모습이다. 방관자적 태도는 예수님이 선한 사마리아인의 비유를 통해서 강하게 질타하신 내용이기도 하다(눅 10:25-37). 이러한 삶은 사실상 예수 그리스도를 부정하는 행위와도 같다.[4]

"41 또 왼편에 있는 자들에게 이르시되 저주를 받은 자들아 나를 떠나 마귀와 그 사자들을 위하여 예비된 영원한 불에 들어가라 42 내가 주릴 때에 너희가 먹을 것을 주지 아니하였고 목마를 때에 마시게 하지 아니하였고 43 나그네 되었을 때에 영접하지 아니하였고 헐벗었을 때에 옷 입히지 아니하

---

4) 박철우, 『아모스/오바댜』, 대한기독교서회 창립 100주년 기념(서울: 대한기독교서회, 2001), 340.

였고 병들었을 때와 옥에 갇혔을 때에 돌보지 아니하였느니라 하시니"(마 25:41-43).

이어지는 12-14절은 유다가 유린당하는 현장에서 차마 형제 국가로서 행해서는 안 되는 일들을 행했던 에돔의 행태를 나열하고 있다. 그 일들은 비교적 소상하게 적시되고 있다. 이때 에돔이 행한 만행을 세분하면 총 8가지다.

"12 네가 형제의 날 곧 그 재앙의 날에 ①방관할 것이 아니며
유다 자손이 패망하는 날에 ②기뻐할 것이 아니며
그 고난의 날에 네가 ③입을 크게 벌릴 것이 아니며
13 내 백성이 환난을 당하는 날에 네가 그 ④성문에 들어가지 않을 것이며
환난을 당하는 날에 네가 그 ⑤고난을 방관하지 않을 것이며
환난을 당하는 날에 네가 그 ⑥재물에 손을 대지 않을 것이며
14 네거리에 서서 그 ⑦도망하는 자를 막지 않을 것이며
고난의 날에 그 ⑧남은 자를 원수에게 넘기지 않을 것이니라."

12절에는 총 8가지 금지사항 가운데 3가지가 언급된다. 첫째로 형제 국가가 망하던 날에 어떤 도움도 주지 않고 방관했으며(방관), 둘째로 오히려 유다의 멸망을 기뻐했으며(타인의 불행을 즐거워함), 셋째로 즐거운 비명을 질렀다(조롱함). 그 결과 그들은 심판을 받을 것이다. 곧 형제의 아픔을 방관하거나 즐거워하거나 조롱하는 자들에게는 하나님의 화가 임한다.

13절에서도 8가지 금지사항 가운데 3가지가 언급된다. 첫째는 성문에 들어가지 않을 것(침범), 둘째는 고난을 방관하지 않을 것(방관), 셋째는 재물에 손대지 않을 것(약탈)이다. 이 구절은 역으로 에돔 사람들이 유다가 처한 가장 슬픈 날에, 그 나라에 들어가서 자신들의 욕심을 채웠다는 사실을 가리키고 있다. 유다가 바빌로니아 군대에게 무자비하게 유린당하던 때에 유다의 작은 성읍들은 틀림없이 무방비 상태에 놓여 있었을 것이다. 실제로 예루살렘이 바빌로니아 군대에 2년 동안이나 포위를 당하여 힘겹게 싸우며 버티고 있을 때, 예루살렘에 갇힌 유다인들 가운데는 부녀자들이 자기 자녀를 삶아 먹는 끔찍한 일들이 벌어지기도 했다.

> "딸 내 백성이 멸망할 때에 자비로운 부녀들이
> 자기들의 손으로 자기들의 자녀들을 삶아 먹었도다"
> (애 4:10; 참조. 애 2:20).

유다는 역사상 최악의 비극적인 상황에 처했다. 바빌로니아가 예루살렘을 무너뜨리기 위해서 가용한 모든 군사력을 집중하자 유다는 수도 예루살렘 하나도 지켜내기 버거웠다. 이 틈을 이용해 에돔은 예루살렘 중앙군대의 보호를 받지 못하고 방치되어 있던 남부 성읍들을 약탈하고 자신들의 물질적 욕심을 채웠던 것이다.

14절은 8가지 금지 사항 가운데 나머지 2가지를 더 보여준다. 첫째로 도망하는 자를 막지 않을 것(도주로 차단), 둘째로 남은 자를 원수에게 넘기지 않을 것(인신매매)이다. 이 구절을 보면 에돔 사람들은 예루살렘과 그 외의 성읍들을 약탈하는 것만으로는 만족하지 못했음을 알 수 있다. 그들은 바빌로니아의 침략을 피해 달아나는 유다의 낙오병들과 일반 피난민들을 붙잡아 바빌로니아 사람들에게 혹은 노예상인들에게 넘겼다. 바빌로니아 사람들의 진노를 피해 도망하는 사람들을 도와주지는 못할망정 이들을 붙잡아, 아마도 돈을 받고 팔아넘긴 것 같다.

에돔이 책망받은 내용을 묶어서 정리하면, 바빌로니아가 유다를 침탈하는 것을 방관한 일(11절), 유다가 유린당하는 틈을 이용해 불의한 이득을 취한 일(12절), 예루살렘이나 다른 성읍들을 약탈한 일(13절), 도주하는 유다인들을 붙잡아 넘긴 일(14절) 등이다. 그렇다면 에돔이 하나님의 심판을 받아야 할 이유는 너무나 분명해 보인다. 에돔은 유다에게 형제 구실을 못했음은 물론이고 오히려 다른 민족들보다 더 교활한 방식으로 잔혹한 일을 저질렀다.

2) 열방의 심판(옵 1:15-16)

이제 본문의 마지막 단락인 15-16절을 살펴보자.

> "15 여호와께서 만국을 벌할 날이 가까웠나니
> 네가 행한 대로 너도 받을 것인즉
> 네가 행한 것이 네 머리로 돌아갈 것이라
> 16 너희가 내 성산에서 마신 것 같이
> 만국인이 항상 마시리니
> 곧 마시고 삼켜서 본래 없던 것 같이 되리라."

이 구절은 열방의 심판에 대하여 말하고 있다. 15절은 에돔과 열방에게 임할 야웨의 날을 언급한다. 예언자에게 야웨의 날은 하나님의 정의로운 보복이 실현되고 에돔과 열방이 범한 죄악에 대하여 보응을 받게 될 날이다.[5] 에돔은 그들이 받아 마땅한 것으로, 즉 그들이 저지른 만행에 합당한 징벌을 받게 될 것이다. "네가 행한 대로 너도 받을 것인즉 네가 행한 것이 네 머리로 돌아갈 것이라"(15절).

"함정을 파는 자는 그것에 빠질 것이요
돌을 굴리는 자는 도리어 그것에 치이리라"(잠 26:27).

기회주의적인 침략자이자 약탈자가 공격을 받을 것이고, 그들 역시 약탈을 당할 것이다.[6] 이러한 의로운 심판이 임하게 되는 야웨의 날은 다음과 같은 세 가지 특징이 있다.[7]

첫째, 야웨의 날은 먼 미래가 아니라 "가까운 미래"에 임할 것이다. 예언자는 야웨의 날이 "가까이" 와 있다고 선포한다. 바빌로니아 사람들에게 멸망당한 유다인들에게 이보다 더 좋은 소식은 없을 것이다. 열방에게 야웨의 날이 임하는 날, 유다인들은 마침내 열방의 속박에서 놓여 주의 백성으로 새 출발을 할 수 있기 때문이다.

둘째, 야웨의 날은 "범우주적인 성격"을 띠는 날이다. 이날은 유다

---

5) A. 바이저/K. 엘리거, 『소예언서』, 국제성서주석(서울: 한국신학연구소, 1985), 32.

6) 더글라스 스튜어트, 『호세아-요나』, WBC성경주석, 김병하 역(서울: 솔로몬, 2011), 739.

7) 송병현, 『호세아, 요엘, 아모스, 오바댜』, 엑스포지멘터리(서울: 국제제자훈련원, 2011), 618-619.

나라나 일부 국가들에게만 임하지 않고 "만국/모든 민족"에게 임한다.

셋째, 야웨의 날은 모든 나라가 "심은 대로 거두는 날"이다. 이날은 천하만국(민)이 그동안의 삶에 대해서 정확하게 심판받는 날이다. 죄악으로 얼룩진 사람은 그에 상응하는 벌을 받고, 억울한 일을 당한 사람들은 적절한 보답을 받는 날이다.

16절에서 오바댜는 에돔과 열방에게 임할 심판을 묘사하면서 "술 취한 자의 이미지"를 인용한다. 이 구절에서 오바댜는 "마시다"라는 동사를 세 차례나 반복함으로써 에돔과 열방을 술에 취해 몸을 가누지 못하는 사람들로 표현하고 있다. 그럼 에돔이 거룩한 산에서 이미 "마셔버린 잔"은 무엇을 가리킬까? 일반적으로 마시는 행위는 즐겁고, 유쾌하고, 매력 있는 것이다. 에돔이 예루살렘의 시온 산에서 마신 잔은 아마도 바빌로니아가 예루살렘을 함락시켰을 때 승리를 기념하면서 마신 술일 것이다.[8]

그런데 오바댜의 심판 선포에 따르면 에돔이 잔을 마신 것처럼 열방도 잔을 마시게 될 것이다. 에돔이 이미 마셔버린 잔이 "승리의 잔"이었다면, 열방이 앞으로 마실 잔도 "승리의 잔"일까? 그렇지 않다. 장차 열방에게 주어질 잔은 "승리의 잔"이 아니라 "진노의 잔"이다. 이 문맥이 하나님의 심판을 선포하고 있기 때문이다. 따라서 정확히 표현하면 이 잔은 "하나님의 진노의 잔"을 가리킨다.

---

8) B. K. Smith/F. S. Page, *Amos, Obadiah, Jonah*, The New American Commentary (Nashville, Tennessee: Broadman & Holman Publishers, 1995), 197.

"15 이스라엘의 하나님 여호와께서 이같이 내게 이르시되

너는 내 손에서 이 진노의 술잔을 받아가지고

내가 너를 보내는 바 그 모든 나라로 하여금 마시게 하라

16 그들이 마시고 비틀거리며 미친 듯이 행동하리니

이는 내가 그들 중에 칼을 보냈기 때문이니라 하시기로

17 내가 여호와의 손에서 그 잔을 받아서

여호와께서 나를 보내신 바 그 모든 나라로 마시게 하되

18 예루살렘과 유다 성읍들과 그 왕들과 그 고관들로 마시게 하였더니

그들이 멸망과 놀램과 비웃음과 저주를 당함이 오늘과 같으니라"

(렘 25:15-18).

결국 에돔이 불의한 행동과 방법으로 취한 이득은 스스로 하나님
의 진노의 잔을 들이킨 것과 같다. 그들이 유다 패망의 기회를 틈타서
얻은 모든 것, 즉 부당하게 약탈한 것들로 인하여 흥에 겨워 열심히 들
이켰던 술잔들이 실은 "축배"가 아니라 "독배"였다. 약탈 분위기에 취
해 축배인 줄로 알고 들이킨 것이 나중에 정신을 차리고 보니 독배였
던 것이다. 이처럼 남의 피눈물로 취득한 모든 것은 결국 자신에게 독
이 된다.

또한 에돔이 (진노의) 잔을 마신 것처럼 열방도 같은 잔을 마시게 될
것이다. 에돔이 하나님의 "심판의 잔"을 마신 것처럼 열방도 야웨의 "진
노의 잔"을 마셔야 한다. 그것도 쉴 틈 없이 계속해서 마셔야 한다. 여
기서 "마시다"(לעע '라알')라는 히브리어 동사는 "소리를 내며 벌컥벌컥
마시는 행위"를 뜻한다. 이는 한순간도 쉬지 못하고 계속해서 마셔야

하는 "고문행위"를 암시하고 있다.[9] 장차 그들에게 주어질 심판은 숨도 쉬지 못할 정도로 정신없이 들이켜야 하는 술 고문과도 같은 것이다. 술을 연거푸 마셔야 한다는 것은 그들에게 감당하기 힘든 재앙이 계속적으로 임할 것을 암시한다. 그 재앙은 오직 죽음 앞에서만 멈출 수 있다. 그들은 죽을 때까지 마셔야 한다("곧 마시고 삼켜서 본래 없던 것 같이 되리라"). 이와 같이 하나님의 진노가 극에 달했다. 야웨의 날은 하나님과 하나님의 백성을 대적한 자들이 숨 쉴 틈도 없이 재앙에 재앙을 당하는 날이며, 결국은 그 생명을 다하는 날이다.

3. 메시지

1) 악의 없는 방관자로 시작하여: "네가 멀리 섰던 날"

사실 에돔 족속은 형제 민족과도 같은 유다인들이 겪은 참사에 일차적인 책임은 없다. 정확하게 말하면 에돔 족속이 유다를 멸망시킨 것은 아니다. 유다를 멸망시킨 나라는 바빌로니아다. 에돔은 처음에는 "관찰자" 내지는 "악의 없는 방관자"의 입장에 서 있었다(11절). 그들은 바빌로니아 군대가 예루살렘에 들어가 그곳의 보물들을 탈취하고 거주민들을 잡아가는 것을 구경만 했다. 유다인들의 불행을 고소하다는 듯이 바라보면서 즐거워한 것이다. 그러다가 결국에는 그들도 약탈행위에 직접 참여한다. 유다인 생존자들이 바빌로니아의 칼날을 피해 다니며 지

---

9) H. W. Wolff, *Dodekapropheton 3: Obadja, Jona*, Biblischer Kommentar Altes Testament (Neukirchen-Vluyn: Neukirchener Verlag, ²1991), 45.

81

4장 • 오바댜, "악의 없는 방관은 없다"

푸라기라도 잡는 심정으로 에돔 족속에게 은신처 내어주기를 간청했을 때, 매정하게도 그들은 피난민들을 점령군에게 넘겨버리기까지 했다.

에돔은 그의 형제 국가 유다가 노략을 당할 때 그들의 고통을 모른 척했다. 속으로 그들의 고통을 즐기기까지 했다(Schadenfreude: 남의 고통을 즐김). 그리고 자신들의 이익을 위하여 형제의 고통을 이용하기에 이른다. 곤경에 처한 형제에게 도움의 손길을 내밀지는 못할망정 형제의 어려움을 자기 도약을 위한 발판으로 삼은 것이다.

형제 나라 유다가 어려움에 처해 있을 때 에돔은 그들과 고락을 "같이 하는 길"(stand with)을 선택해야 했다. 그러나 그들은 "방관자가 되는 길"(stand by)을 선택했다.[10] "Stand with"의 길을 피하고 "stand by"의 길을 택한 것이다. "같이 매 맞는 길"이 아니라 "비켜서 있는 방관의 길"로 숨어 버렸다. 이에 대해 오바댜는 "악의 없는 방관자"는 결코 있을 수 없다고 한다. 하나님의 기준에서는 악의 없는 방관도 악한 일일 뿐이다. 이웃이 압제자의 발굽 아래 고통당할 때, 하나님의 백성은 압제 당하는 이웃의 편에 서야 한다. 비록 그곳이 함께 매를 맞는 자리일지라도 말이다.

오늘날 교회가 직접적으로 압제자의 역할을 수행하지는 않지만, 너무나 자주 "악의 없는 방관자"가 되지는 않는가. 강도질이나 약탈 행위에 직접 가담하는 교회는 없지만, 상처받은 자들의 삶에서 약간 비켜서는 비겁한 길을 선택하지는 않는가. 교회가 억압받는 약자보다 힘 있는

---

10) 제임스 림버그, 『호세아-미가』, 현대성서주석, 강성열 역(서울: 한국장로교출판사, 2004), 216.

강자의 눈치를 살피기에 급급한 것은 아닌지 모르겠다. 그렇지만 십자가를 짊어지는 정의의 길까지는 아니더라도 최소한 비겁한 방관자의 길은 피해야 하지 않을까?

언제까지 곤경에 처한 이웃의 신음소리를 외면하는 "악의 없는 방관자"의 자리에 앉아 있을 것인가. 오바댜는 말한다. "네가 멀리 섰던 날"(11절), 즉 악의 없는 방관자의 자리에 안주했던 날! 그 자리에 머물러 있는 비겁하고 나약한 현대판 에돔에게 하나님의 엄중한 심판이 내려질 것이다. 하나님의 기준에서 볼 때 이 세상 어디에도 악의 없는 방관자는 없다. "악의 없는 방관"이 비록 "악의"는 없을지 몰라도 그 자체가 "악"한 일이다.

2) 야웨의 도덕적 주권: "네가 행한 것이 네 머리로 돌아갈 것이라"

예루살렘이 정복당할 때 아무것도 하지 않으면서 방관하던 자들(11절)이 이제는 거꾸로 동맹국들에게 배신당하고 약탈당할 것이다.

> "너와 약조한 모든 자들이
> 다 너를 쫓아 변경에 이르게 하며
> 너와 화목하던 자들이 너를 속여 이기며
> 네 먹을 것을 먹는 자들이 네 아래에 함정을 파니
> 네 마음에 지각이 없음이로다"(7절).

형제의 곤경을 고소하다는 듯 바라보면서 호언장담하던 자들(12절)이 이제는 역으로 크게 멸시당할 것이요, 모욕을 당할 것이다.

"보라 내가 너를 나라들 가운데에 매우 작게 하였으므로

네가 크게 멸시를 받느니라"(2절).

"네가 독수리처럼 높이 오르며 별 사이에 깃들일지라도

내가 거기에서 너를 끌어내리리라 여호와의 말씀이니라"(4절).

형제 국가를 약탈했던 자들(13절)이 이제는 심하게 약탈을 당할 것이다.

"5혹시 도둑이 네게 이르렀으며

강도가 밤중에 네게 이르렀을지라도

만족할 만큼 훔치면 그치지 아니하였겠느냐

혹시 포도를 따는 자가 네게 이르렀을지라도

그것을 얼마쯤 남기지 아니하였겠느냐

네가 어찌 그리 망하였는고

6에서가 어찌 그리 수탈되었으며

그 감춘 보물이 어찌 그리 빼앗겼는고"(5-6절).

피난민들에게 은신처를 제공하지 않으려 했던 자들(14절)이 이제는 동맹국들에게서 배신을 당하고 어떠한 피난처도 제공받지 못할 것이다.

"너와 약조한 모든 자들이

다 너를 쫓아 변경에 이르게 하며

너와 화목하던 자들이 너를 속여 이기며

네 먹을 것을 먹는 자들이 네 아래에 함정을 파니

네 마음에 지각이 없음이로다"(7절).

전쟁을 피하여 도망하는 자들을 멸절하던 자들(14절)이 이제는 동일하게 멸절을 당할 것이다.

"네가 네 형제 야곱에게 행한 포학으로 말미암아

부끄러움을 당하고 영원히 멸절되리라"(10절).

오바댜는 에돔에 대한 인간적 보복이 아닌 야웨의 응징과 심판을 예언함으로써, 보편적인 야웨의 의(義)가 이 세상에 분명히 존재함을 보여주고 있다. 세계와 인류에 대한 야웨의 도덕적 주권은 엄연히 살아 숨 쉬고 있다. 예언자의 근본사상은 역사 속에 야웨의 섭리가 분명히 존재한다는 데서 출발한다. 다시 말해서 야웨는 세계를 창조하신 후 이 세상에서 손을 떼고 등을 돌리지 않으시고, 끊임없이 창조세계를 돌보시면서 역사 속에서 인류가 도덕적 의무를 소홀히 할 경우 가차 없이 개입하셔서 심판과 징벌을 내리신다. 이런 면에서 예언자 오바댜는 "현재의 도덕적 행위"와 "미래의 운명"이 긴밀한 관계에 놓여 있다고 보았다. 세계 안에 도덕적 질서가 분명히 있으며, 인간의 현재와 미래 사이에 도덕적 인과관계가 반드시 존재한다는 것이다.[11]

---

11) 박상익, 『어느 무교회주의자의 구약성서 읽기』(서울: 부키, 2000), 199-200.

만일 우리가 타인에게 행한 대로 되돌려 받을 것을 항상 의식하고 산다면 우리의 삶은 어떻게 변할까? 아마도 최소한 나쁜 짓은 하지 않으려고 노력할 것이다. 나아가 아낌없이 선을 베풀려고 애쓸 것이다. 이 모든 것이 우리에게 돌아올 것을 잘 알기 때문이다.

"너는 네 떡을 물 위에 던져라 여러 날 후에 도로 찾으리라"(전 11:1).

"우리가 선을 행하되 낙심하지 말지니 포기하지 아니하면 때가 이르매 거두리라"(갈 6:9).

5장

요나,
"하나님의 자유와 긍휼을 망각한 자 누구인가"

"내가 어찌 아끼지 아니하겠느냐"

(욘 4:1-11)

요나서에는 요나의 활동시기를 알려주는 실제적인 연대 표시가 없다. 이때문에 요나의 활동시기는 정확히 알 수가 없다. 다만 열왕기하에서 선지자 요나를 북 이스라엘 왕국의 여로보암 2세 때 활동한 예언자로 소개하고 있다. "이스라엘의 하나님 여호와께서 그의 종 가드헤벨 아밋 대의 아들 선지자 요나를 통하여 하신 말씀과 같이 여로보암이 이스라엘 영토를 회복하되 하맛 어귀에서부터 아라바 바다까지 하였으니"(왕하 14:25).

그러나 여로보암 2세(주전 787-747년)가 다스리던 주전 8세기 초반에는 아시리아가 세계 무대에 얼굴을 드러내기 전이었다. 게다가 아직 이스라엘은 아시리아의 수도 니느웨에 대해서도 모르고 있었다. 이스라엘에게 니느웨가 타락의 대명사가 된 것은, 잔인하기로 악명 높은 아시리아 제국이 시리아와 팔레스타인 지역으로 팽창정책을 펴고 난 이후로 보인다. 아시리아는 주전 722년에 북 이스라엘을 멸망시키고, 주전 701년에 예루살렘을 비롯하여 남 유다 왕국까지 거의 전멸시킬 뻔했던 사건들을 통해 잔인과 공포의 대명사로 자리매김한다.

또한 하나님이 이스라엘뿐만 아니라 아시리아 같은 이방 민족들에게도 관심이 있다는 신앙은 포로기 이후(주전 539년 이후)에나 나올 수 있는 사상이다. 따라서 다수의 학자들은 유다가 바빌로니아 포로에서 귀환한 이후, 즉 페르시아 통치 시기(주전 539-333년)에 이 책이 쓰였다고 본다.[1] 그렇다면 요나서의 요나와 열왕기하 14장의 요나는 동명이인(同名異人)으로 보아야 한다.

요나서는 다른 문서 예언서와는 전혀 다른 책이다. 보통 문서 예언서는 해당 예언자가 선포한 하나님의 말씀을 모은 책이다. 그러나 요나서는 예언의 말씀을 모은 책이 아니다. 요나서에서 요나가 대변한 하나님의 말씀은 3:4의 "사십 일이 지나면 니느웨가 무너지리라"라는 다섯 개의 히브리어 단어로 구성된 이 한 구절밖에 없다. 요나서는 요나가 전한 하나님의 말씀보다는 요나에 관한 이야기가 주종을 이루고 있다. 요나서는 문제투성이인 예언자 요나에 관한 이야기다. 따라서 우리는 요나서를 읽을 때 그가 전한 다섯 단어에 불과한 하나님의 말씀보다는, 4장에 걸쳐 기록된 그의 행적에 주목해야 한다.

포로기 이후 유다 공동체에는 에스라와 느헤미야의 영향으로 이방 민족들과 관계를 단절하려는 흐름이 강해진 것과는 대조적으로 이방인들이 이스라엘의 신앙에 귀의하는 일이 벌어졌다(사 56:1-8). 이러한 상황에서 하나님은 모든 사람을 구원하기 원하시며(욘 4:10-11), 또 언약 백성 이스라엘은 모든 사람을 구원하는 일을 위하여 부름 받았음을 증언하는 것이 요나서의 핵심 메시지다. 더불어 요나 4장에 나타난 하나님과 요나의 대화는 "하나님은 당신이 원하시는 대로 행동하실 자유가 있다"는 주제를 매우 예리하게 제시하기도 한다. 따라서 요나서의 중심 주제는 "하나님의 자유"라고 정리할 수 있다.[2]

---

1) 제임스 림버그, 『호세아-미가』, 현대성서주석, 강성열 역(서울: 한국장로교출판사, 2004), 222.
2) 이용호, 『하나님의 자유』(서울: 프리칭아카데미, 2007), 121-138.

I. 요나 4:1-11의 배경과 구조

요나는 당시 이스라엘 편에서 보자면 악의 대명사이자 하나님과는 전혀 상관없는 땅으로 간주되었던 니느웨 성읍에 가서 그곳 사람들에게 하나님의 심판을 선포하라는 명령을 받는다. 하지만 요나는 하나님이 지시하신 소명의 자리, 즉 동쪽에 위치한 니느웨를 등지고서 하나님의 눈을 피할 목적으로 서쪽 끝에 자리한 다시스(오늘날의 스페인 지역)로 도주한다. 그러나 하나님의 집요한 추적으로 요나의 도피행각은 실패로 돌아간다(욘 1장). 결국 그는 하나님이 준비하신 큰 물고기에 삼켜졌다가 그 속에서 3일간 갇혀 있은 후 다시 육지로 토해진다(욘 2장).

할 수 없이 요나는 하나님의 두 번째 소명에 순종하여 니느웨로 가서 울며 겨자 먹는 심정으로 니느웨의 멸망을 예언한다. 사실 요나는 이스라엘의 철천지원수인 아시리아의 수도 니느웨가 한 마디의 경고도 못 듣고 삽시간에 멸망당하기를 원했다. 그런데 요나가 우려한 일이 벌어지고 말았다. 그의 심판에 관한 예언 때문에 니느웨 왕을 위시한 그곳 백성은 물론 심지어 짐승들까지도 회개하는 역사가 일어난 것이다. 니느웨 사람들의 진심 어린 회개로 하나님은 심판결정을 철회하신다(욘 3장). 그러자 요나는 하나님께 불같이 화를 낸다. 단순한 불만 정도가 아니라 그동안 참고 참았던 불만이 한꺼번에 폭발한 것이다. 요즘 말로 하면 멘붕(멘탈 붕괴)이 온 것이다. 요나의 분노와 이에 대한 하나님의 대답이 우리가 이제부터 살펴볼 내용이다. 요나 4장의 구조를 간략하게 정리하면 다음과 같다.

1-3절: 요나의 분노

　　"이제 내 생명을 거두어 가소서"

4-9절: 요나를 추적하시는 하나님

　　"네가 성내는 것이 옳으냐"

10-11절: 하나님의 최후의 질문

　　"내가 어찌 아끼지 아니하겠느냐"

2. 요나 4:1-11의 본문 풀이

1) 요나의 분노(욘 4:1-3)

다시스로 도망갔던 요나가 마음을 다잡고 결국은 니느웨로 돌아왔다. "요나가 여호와의 말씀대로 일어나서 니느웨로 가니라 니느웨는 사흘 동안 걸을 만큼 하나님 앞에 큰 성읍이더라"(욘 3:3). 그리고 요나의 심판 메시지를 들은 니느웨 주민들은 자기들이 행한 악한 길과 손으로 저지른 강포에서 떠나 하나님께로 돌아왔다. "사람이든지 짐승이든지 다 굵은 베 옷을 입을 것이요 힘써 하나님께 부르짖을 것이며 각기 악한 길과 손으로 행한 강포에서 떠날 것이라"(욘 3:8).

　니느웨 백성의 회개에 하나님도 심판의 뜻을 돌이키셨다. "하나님이 그들이 행한 것 곧 그 악한 길에서 돌이켜 떠난 것을 보시고 하나님이 뜻을 돌이키사 그들에게 내리리라고 말씀하신 재앙을 내리지 아니하시니라"(욘 3:10). 이로 말미암아 요나서의 등장인물들이 모두 제자리로 돌아왔다. 그러자 오히려 이 일로 인해 돌아버린 사람이 있었다. 바로 주인공 요나다. 모든 것이 정상으로 돌아오자 되려 비정상으로 돌아버린 것이다. 요나 4:1이 이를 적나라하게 보여준다.

"요나가 매우 싫어하고 성내며"(욘 4:1).
"이 일은 그러나 요나를 매우 불쾌하게 하였다"(욘 4:1, 필자 사역).
"그랬더니, 그것이 요나에게 아주 악한 것이, 큰 악(רָעָה גְדוֹלָה '라아 그돌라')이 되었다"(욘 4:1, 직역).
"그랬더니 요나가 화내고 펄쩍펄쩍 뛰었다"(욘 4:1, 의역).

여기서 요나를 펄쩍펄쩍 뛰게 만든 일은 다름 아닌 요나 3장에 나오는 사건으로, 하나님이 니느웨의 회개를 받으시고 예고하셨던 심판을 철회하신 일이었다. 한편 여기서 요나에게 닥친 "큰 악"(רָעָה גְדוֹלָה '라아 그돌라')은 요나 3:8-10에 나오는 니느웨의 악함과 하나님의 재앙을 언급한 단어와 똑같다.

"사람이든지 짐승이든지 다 굵은 베 옷을 입을 것이요 힘써 하나님께 부르짖을 것이며 각기 악한(רָעָה '라아') 길과 손으로 행한 강포에서 떠날 것이라"(욘 3:8).

"하나님이 그들이 행한 것 곧 그 악한(רָעָה '라아') 길에서 돌이켜 떠난 것을 보시고 하나님이 뜻을 돌이키사 그들에게 내리리라고 말씀하신 재앙(רָעָה '라아')을 내리지 아니하시니라"(욘 3:10).

니느웨가 심판의 메시지를 듣고 악한 길에서 돌아섰다. 이를 확인하고 하나님도 당신이 선포한 위협을 취소하셨다. 그런데 하나님이 이 재앙(רָעָה '라아')을 취소하시자, 이 일로 인하여 요나가 그 취소된 재앙 곧 더 큰 악(רָעָה גְדוֹלָה '라아 그돌라')에 빠졌다. 니느웨에 대한 하나님의 용서가 역으로 하나님의 사람 요나를 "큰 악"에 빠지게 한 것이다. 요나 1:2은 니느웨의 죄를 말할 때 단순히 "악독"(רָעָה '라아')이라고만 표현한다.

> "너는 일어나 저 큰 성읍 니느웨로 가서 그것을 향하여 외치라 그 악독
> (רָעָה '라아')이 내 앞에 상달되었음이니라 하시니라"(욘 1:2).

니느웨는 "단순한 악독"(רָעָה '라아')으로 하나님의 심판대에 서게 되었다. 그런데 요나는 이보다 더 "큰 악"(רָעָה גְדוֹלָה '라아 그돌라')에 빠졌다. 요나가 니느웨를 용서하시는 하나님의 판결에 정면으로 반기를 들었기 때문이다. 니느웨는 하나님께 죄를 자복하고 회개함으로 훈방조치를 받았지만, 요나는 하나님께 도전함으로써 니느웨 대신 더 큰 죄인의 역할을 떠맡았다.[3] 니느웨에 대한 하나님의 자비가 요나에게는 커다란 악을 가져다준 것이다.

우리는 하나님의 백성을 대표하는 요나에게서 타락해버린 실패자의 모습을 볼 수 있다. 하나님은 이방의 선원들과 악명 높은 아시리아 사람들에게서도 훨씬 더 수월한 방법으로 당신의 뜻을 성취하실 수 있

---

3) H. W. Wolff, *Dodekapropheton 3: Obadja, Jona*, Biblischer Kommentar Altes Testament (Neukirchen-Vluyn: Neukirchener Verlag, ²1991), 138.

다. 그런데 어찌된 일인지 하나님의 백성(요나)이 더 완고하다.

요나는 비로소 하나님께 자신의 속마음을 털어놓는다.

> "2여호와께 기도하여 이르되 여호와여 <u>내가</u> [<u>나의</u>] 고국에 있을 때에 이러하겠다고 [<u>내가</u>] 말씀하지 아니하였나이까 그러므로 <u>내가</u> 빨리 다시스로 도망하였사오니 주께서는 은혜로우시며 자비로우시며 노하기를 더디하시며 인애가 크시사 뜻을 돌이켜 재앙을 내리지 아니하시는 하나님이신 줄을 <u>내가</u> 알았음이니이다 3여호와여 원하건대 이제 <u>내</u> 생명을 [<u>나로부터</u>] 거두어 가소서 [<u>내가</u>] 사는 것보다 죽는 것이 <u>내게</u> 나음이니이다 하니"(욘 4:2-3).

요나의 기도는 자신의 불순종과 증오에 대한 이유를 알려 주고 있다. 여기서 요나는 니느웨의 악함이 극에 달했다는 경고를 그들에게 선포하라는 하나님의 명령에 불순종한 이유를 드러낸다. 그는 니느웨에게 마땅히 임해야 할 무서운 심판이 하나님의 자애로운 성품 때문에 지연되거나 혹 철회될 것을 우려했던 것이다.

이로 보건대 요나는 하나님의 성품에 대한 정확한 신학적 지식을 가지고 있었다. 그렇지만 그는 하나님의 은혜로운 태도가 이스라엘에게만 국한되어야 한다고 생각했다. 반면 그는 이방인에 대해서는 하나님의 예고된 심판이 즉각적으로 시행됨으로써 하나님의 정의가 입증되어야 한다고 주장한다.[4] 이것은 하나님의 백성인 이스라엘에게는 "하

---

4) A. 바이저/K. 엘리거, 『소예언서』, 국제성서주석(서울: 한국신학연구소, 1985), 54.

5장 • 요나, "하나님의 자유와 궁휼을 망각한 자 누구인가"

나님의 긍휼"이, 하나님을 모르는 이방인들에게는 "하나님의 정의"가 실행되어야 한다는 논리이고 주장이다.

한편 요나는 그가 예고한 심판이 취소됨으로써 스스로 거짓 예언자라는 오명을 뒤집어쓰게 되었다. 무엇보다도 그는 하나님의 은혜가 전혀 정의롭지 않게 아무렇게나 수여된다고 판단하여 거의 좌절할 지경에 이르렀다. 그로 인해 요나는 몹시 고통스러워하고 있다. 요나의 고통은 두 가지로 집약된다.

첫째, 하나님은 요나에게 강제로 당신의 심판 메시지를 선포하게 하시고서는 결과적으로 그것을 신실하게 이행하지 않으셨다. 분명 하나님은 요나더러 누가 보아도 당연한 니느웨의 멸망에 대하여 심판의 메시지를 전하라고 명령하셨다. 요나는 이 명령에 순종했다. 그런데 니느웨 사람들에게서 회개의 첫 표시가 나타나자마자 하나님은 마치 기다리고 있었다는 듯이 즉각 자신의 결심을 후회하시고, 그것을 취소하신다. 이를 본 요나는 고통의 늪에 빠진다. 과연 하나님의 행동이 정당한가? 심판을 코앞에 둔 최후의 순간에 단 한 번의 방향전환만으로 지금까지 저지른 수천 가지의 포악들을 무효로 되돌릴 수 있단 말인가?

둘째, 하나님은 자신의 긍휼함 때문에 악한 이방인들을 당신의 선민과 동등한 위치에 놓고 있다. 요엘 2:13의 "너희는 옷을 찢지 말고 마음을 찢고 너희 하나님 여호와께로 돌아올지어다 그는 은혜로우시며 자비로우시며 노하기를 더디하시며 인애가 크시사 뜻을 돌이켜 재앙을 내리지 아니하시나니"라는 말씀에서처럼, 하나님의 집행유예가 이스라엘에게만 주어지는 것이 아니라 철천지원수인 니느웨에게도 나타날 수 있는가 하는 것이다. 즉 하나님의 은혜와 인내와 용서가 아무런

구분 없이 모든 민족에게 적용된다면, 이스라엘의 선민 개념이 파괴되지 않느냐는 말이다.[5]

지금 요나는 신앙적 딜레마에 빠져 있다. 그는 하나님에 대한 서운함과 배신감으로 힘겨운 싸움을 벌이고 있다. 요나는 하나님께 차라리 자신을 죽여달라고 극단적인 간청을 드린다. 그는 지금 극심한 우울증에 빠져 하나님께 반항하며 죽기를 소원하고 있다.

요나 4:2-3의 요나의 기도를 자세히 들여다보면, 흥미롭게도 이 기도 안에는 하나님의 일차적 관심의 대상인 니느웨에 대한 언급이 전혀 없다. 요나는 니느웨에 대해서는 단 한 마디도 하지 않는다. 반면 이 기도 안에는 자신의 자아(Ego)가 무려 9번이나 표현된다("내가", "나의", "내가", "내가", "내가", "내", "나로부터", "내가", "내게").[6] 요나는 지금 오직 자기 자신의 내적인 고통에만 집착하고 있다. 달리 말하면 요나는 오직 자신에게만 극단적인 관심을 기울이고 있다. 이처럼 사람이 자기 자신에게만 몰두하고 집착하면 길을 잃고 방황하다가 결국은 우울증에 빠지게 된다.

2) 요나를 추적하시는 하나님(욘 4:4-9)

요나 4:4-9에서 하나님이 씨름하고 있는 상대는 더 이상 니느웨가 아니다. 이제 니느웨의 문제는 해결되었다. 문제는 요나다. 실제로 여기서 요나는 그 어떤 이방인들보다 훨씬 더 하나님을 괴롭히고 있다. 요

---

5) H. W. 볼프, 『선교자 요나: 요나서 연구』, 문희석 역(서울: 대한기독교출판사, 1978), 75.

6) H. W. Wolff, *Dodekapropheton 3: Obadja, Jona*, Biblischer Kommentar Altes Testament (Neukirchen-Vluyn: Neukirchener Verlag, [2]1991), 142.

나 4장에서 가장 긴 부분이 바로 이 문제를 다루는 단락이다. 이 단락은 하나님께서 자신의 메신저를 달래고 또 그에 대해서 오래 참고 계심을 보여준다.

먼저 하나님께서 요나에게 말을 거신다.

"여호와께서 이르시되 네가 성내는 것이 옳으냐 하시니라"(욘 4:4).

하나님은 분노를 참지 못하고 씩씩거리는 요나에게 먼저 찾아가셔서 나직이 말을 걸어오신다. 하지만 하나님은 곧바로 요나의 외면에 직면하신다. 요나는 하나님의 질문에 아무런 대꾸도 하지 않고, 오히려 그 질문을 아예 무시라도 하는 것처럼 슬그머니 자리를 옮겨 니느웨 성 밖으로 나간다.

"요나가 성읍에서 나가서 그 성읍 동쪽에 앉아 거기서 자기를 위하여 초막을 짓고 그 성읍에 무슨 일이 일어나는가를 보려고 그 그늘 아래에 앉았더라"(욘 4:5).

아직도 요나는 니느웨의 멸망을 포기하지 않은 것 같다. 그는 여전히 니느웨 성에 무슨 일이 일어나기를 기대하는 듯하다. 그리하여 요나는 니느웨 성 앞에서 텐트를 치고 머무르면서 무언의 데모를 벌인다. 이런 그에게서 니느웨의 멸망을 기어이 목도하고야 말겠다는 불타는 의지가 엿보인다.

그러자 하나님도 더 이상 요나에게 아무런 말씀을 하지 않으시고,

요나가 먼저 말을 꺼낼 때까지 조용히 행동으로 함께하신다. 요나 4:6-8a은 하나님과 요나 사이에 이루어진 "침묵의 대화"를 소개하고 있다.

"6 하나님 여호와께서 박넝쿨을 예비하사 요나를 가리게 하셨으니 이는 그의 머리를 위하여 그늘이 지게 하며 그의 괴로움을 면하게 하려 하심이었더라 요나가 박넝쿨로 말미암아 크게 기뻐하였더니 7 하나님이 벌레를 예비하사 이튿날 새벽에 그 박넝쿨을 갉아먹게 하시매 시드니라 8a 해가 뜰때에 하나님이 뜨거운 동풍을 예비하셨고 해는 요나의 머리에 쪼이매"(욘 4:6-8a).

비록 요나가 깊은 타락에 빠져 있었지만, 하나님은 그를 위하여 어떤 수고도 아끼지 않으신다. 하나님은 요나가 옳은 길을 잘 찾아갈 수 있게 도와주시기 위해 다양한 학습 자료들을 준비하신다. 바다에 몸을 던졌던 요나를 살리기 위해서 물고기를 준비하셨던 것과 같이(욘 1:17), 하나님은 이번에는 박넝쿨(아주까리)을 준비하셨다(욘 4:6). 하나님은 하룻밤 사이에 아주까리 나무가 그늘을 드리울 수 있을 만큼 자라 오르게 하신다. 그리고 그 후에 벌레를 한 마리 준비하셔서 그 식물을 당장에 갉아먹게 만들어 결국은 죽게 하셨다. 끝으로 하나님은 몹시 뜨거운 동풍을 보내셨다.

6절은 하나님께서 이같이 행하신 조치들의 이면에 있는 숨은 목적을 말씀해주고 있다. "이는 그의 머리를 위하여 그늘이 지게 하며 그의 괴로움을 면하게 하려 하심이었더라 요나가 박넝쿨로 말미암아 크게 기뻐하였더니." 이곳의 "그의 괴로움을 면하게 하려 하심이었더라"라는

문장은 원문을 직역하면,

"요나를 그의 '악'(רָעָה '라아')에서 빼어 오려고."

라는 뜻이다. 앞서 요나 4:1의 설명에서 보았듯이 요나는 "큰 악" 속으로 들어갔는데, 하나님은 지금 그를 그 큰 악 속에서 다시 구출해내려고 역사하신다. 요나는 현재 큰 악 속에 빠진 상태다. 하지만 하나님은 그런 요나를 그곳에서 구출하려고 하신다. 하나님이 선사하신 아주까리 나무가 가져다주는 그늘로 인하여 요나는 "크게 기뻐했다." 이런 표현은 언어적으로 볼 때 요나 4:1의 태도와 정확하게 대조되고 있다. 4:1의 요나는 큰 악에 빠졌는데, 4:6의 요나는 크게 기뻐했다. 1절의 "큰 악"(רָעָה גְדוֹלָה '라아 그돌라')과 6절의 "큰 기쁨"(שִׂמְחָה גְדוֹלָה '심하 그돌라')이 대조된다. 요나는 니느웨가 잘 될 때는 "큰 악"을 품었고, 그와 반대로 나무 한 그루라도 자기에게 도움이 될 때는 "큰 기쁨"을 드러낸다. 이런 요나의 태도에서 그의 이중성이 확연히 드러난다. 요나의 머리 위에 갑자기 드리워진 작은 그늘이라는 뜻밖의 행운이 그를 침울한 정신과 신앙적인 오판에서 구출해주었고, 나아가 그를 "큰 기쁨"으로 몰아갔다.

그런데 뒤이어 예기치 않게 벌레와 태양의 열기, 동풍이 몰려들자 요나는 다시 우울해지고 죽기를 소원하는 모습으로 되돌아간다. 초막과 아주까리 나무로 이루어진 "이중 그늘"이 동풍과 태양이라는 "이중 공격"으로 사라져버렸다. 그러자 하나님은 4절에서 요나에게 한 번 무시당했던 질문을 또 다시 꺼내신다.

"네가 이 박넝쿨로 말미암아 성내는 것이 어찌 옳으냐"(9a절).

요나의 분노가 또 다시 솟구친다.

"내가 성내어 죽기까지 할지라도 옳으니이다"(9b절).

여기서 "죽기까지"라는 히브리어 표현은 최상급을 나타낸다.[7] 4:4의 요나의 분노가 니느웨에 대한 하나님의 동정적인 태도에서 유발되었다면 여기서는 식물이 시들은 것에 대한, 즉 자기 인생에 남아 있는 작은 위로가 사라진 것에 대한 분노다. 요나는 하나님의 인자하심을 이해하기 위해서 자신의 몸으로 하나님의 인자하심을 직접 체험해야만 했다.

3) 하나님의 최후의 질문(욘 4:10-11)
이제 하나님은 자신의 의도를 명확하게 드러내신다.

"[10]여호와께서 이르시되 네가 수고도 아니하였고 재배도 아니하였고 하룻밤에 났다가 하룻밤에 말라 버린 이 박넝쿨을 아꼈거든(חוס '후스') [11]하물며 이 큰 성읍 니느웨에는 좌우를 분변하지 못하는 자가 십이만여 명이요 가축도 많이 있나니 내가 어찌 아끼지(חוס '후스') 아니하겠느냐 하시니라"(욘 4:10-11).

---

7) H. W. Wolff, *Dodekapropheton 3: Obadja, Jona*, Biblischer Kommentar Altes Testament (Neukirchen-Vluyn: Neukirchener Verlag, ²1991), 146.

하나님은 요나가 아주까리를 위해 수고하지도 않았고 그것을 키우지 않았음에도 자기 눈앞에서 속절없이 시들어가는 식물의 운명 때문에 속을 잔뜩 태우고 있음을 상기시킨다. 하나님이 여기서 사용하시는 논법은 "하물며-유형"에 속한다. 예를 들면 다음과 같다.

"오늘 있다가 내일 아궁이에 던져지는 들풀도 하나님이 이렇게 입히시거든 하물며 너희일까보냐 믿음이 작은 자들아"(마 6:30; 참조. 마 10:31; 12:12; 눅 12:24).

요나가 작은 나무 한 그루를 아낀다면, "하물며" 하나님은 "큰 성읍 니느웨를 아껴야 하지 않겠느냐?"는 것이다. 여기서 "아끼다"(חוס '후스')라는 단어는 "~으로 인하여 눈물을 흘리다"라는 뜻을 가지고 있다.[8] 요나가 아주까리 잎으로 인하여 눈물을 흘린다(חוס '후스')면, "하물며" 하나님이 니느웨를 인하여 눈물을 흘리는(חוס '후스') 것은 당연한 일이 아니냐는 것이다.

하나님께서 니느웨를 동정하시는 이유는 그곳의 인구가 12만 명이라는 "양적인 측면"과 그곳의 안타까운 상황("좌우를 분변하지 못하는 자")이라는 "질적인 측면"이 함께 제시된다. 말하자면 그 성읍의 사람들이 좌우를 분별치 못할 정도로 무기력한 상태에 놓여 있으며, 죄 없는 짐승들 역시 매우 많다는 설명이 이에 해당한다.

우리는 여기서 "나는 니느웨를 위하여 슬퍼하고 있다. 그것은 나의

---

8) 제임스 림버그, 『호세아-미가』, 현대성서주석, 강성열 역(서울: 한국장로교출판사, 2004), 247.

피조물이요, 나의 양자이기 때문이다"라는 하나님의 음성을 들을 수 있다.

> "너 인간아,
> 너는 순전히 선물로 받은 것을 잃을 때에
> 고통스러운 슬픔을 당하고 있구나.
> 나는 직접 내가 창조한 것 때문에
> 슬픔을 당하고 있도다."

우리는 이 점을 단단히 명심해야 한다. 잔인하기로 악명 높았던 니느웨 백성과 해상에서 일하는 이방의 선원들도 여전히 하나님의 피조물이다. 하나님이 당신의 백성을 돌보시는 것과 동일하게 이들 역시 그분의 돌봄을 받는 하나님의 자녀다. 하나님은 매일의 햇볕과 아주까리 나무와 그 그늘을 돌보시는 것과 동일하게 이 땅 모든 사람의 안위와 복지를 위해서 수고하는 분이시다. 하나님은 당신의 모든 피조물을 하나도 빠짐없이 아끼시고 돌보신다.

3. 메시지

정치적으로나 사회적으로 또는 종교적으로 우리와 입장이 다른 사람들도 똑같이 창조주 하나님의 피조물이다. 그런 점에서 그들도 우리와 마찬가지로 하나님의 사랑과 돌봄의 대상이다. 실제로 모든 피조물은 전부 동일하게 하나님의 사랑과 돌봄을 받고 있다. 하나님은 우리와 무관하거나 심지어 적대관계에 있는 사람들이라 할지라도 그들이 멸망의 길에 있을 때 몹시 애통해하신다. 요나서에서 볼 수 있듯이, 하나님은 그들을 멸망의 길에서 벗어나 생명의 길로 들어서게 하려는 단 한 가지 목적을 위해서 당신의 메신저를 파견하셨다. 그분은 당신의 피조물이 멸망당하는 것을 허락하시기보다는 차라리 당신의 메신저가 선포한 멸망의 위협을 철회하는 편을 택하신다.[9] 또한 하나님은 파견된 메신저를 거짓 예언자로 만든다 할지라도 죽음에 처한 사람들을 살리는 길이라면 이를 마다치 않으신다. 달리 말하자면 이것은 이방인을 위해 선민을 희생시키신 것이다. 이런 상황에서는 당연히 선민의 반발이 발생한다.

요나는 "아밋대의 아들"이다. "아밋대"란 "진리"(진실)를 뜻한다.[10] 그러니까 요나는 "진리의 아들"인 셈이다. 요나의 인생은 진리를 추구하고 진리를 수호하고 진리대로 산다는 의미가 담겨 있다. 그런데 그가 신봉하는 진리를 과연 하나님은 기뻐하시는가. 요나는 분명 진리를 정확하게 알고 있었다(욘 4:2). 하지만 그는 진리를 통한 자유를 누리지 못했고, 그의 심중에는 불평과 정죄가 가득했다. 진리를 안다 해도 진리대로 살지 못하면 진리가 주는 자유를 누리지 못한다. "진리를 알지니 진리가 너희를 자유롭게 하리라"(요 8:32). 심지어 요나의 진리는 하나님의 진리를 꾸짖기까지 한다(욘 4:2). 이것은 자신의 자유뿐만 아니라 하나님의 자유까지도 억압하는 것이다. 하지만 우리는 하나님의 자유를 인정해야 한다. 더구나 하나님의 자유가 정의보다 더 상위의 가치

---

9) H. W. 볼프, 『선교자 요나: 요나서 연구』, 문희석 역(서울: 대한기독교출판사, 1978), 84.

10) 송병현, 『요나, 미가, 나훔, 하박국, 스바냐, 학개, 스가랴, 말라기』, 엑스포지멘터리(서울: 국제제자훈련원, 2011), 61.

를 위해 사용된다면, 오히려 이것을 우선적으로 선택하는 것은 당연한 일이 아닌가! 또한 우리는 하나님이 자신의 자유에 기초하여 그 일을 행하시는 것에 대해 더 많이 감사해야 마땅하다.

요나는 하나님의 정의로운 심판이 반드시 이루어져야 한다고 생각했다. 그래서 니느웨에 재앙이 임하지 않자 실망하고 분통을 터뜨렸다. 혹자는 이런 요나의 분노가 정당하다고 칭찬할지도 모른다. 하지만 이런 식의 생각은 정의를 이룬다는 명목하에 자비를 상실한다는 데 문제가 있다. 즉 더 높은 가치(자비)에 좁은 소견(정의)을 조율하지 못한 것이다. 때로 하나님의 크신 긍휼과 인내 때문에 거룩한 정의는 빛을 잃을 수도 있다. 그래서 이 세상의 악은 사라지지 않고 늘 잔존할지도 모른다. 그리고 오로지 정의와 진리로만 무장된 요나는, 정의가 제대로 실현되기는커녕 무한한 용서와 관대한 사랑만 난무한 세상을 용납하지 못한다.[11]

그러나 무엇이 진리이고 무엇이 정의란 말인가. 진리와 정의를 실현하기 위해 생명을 소멸시키는 행위가 과연 합당한 일인가. 오히려 생명이 악의 자리에서 돌이킨다면 그 생명을 보호해주는 것이 진리이고 정의로운 일 아닐까? 진리와 정의가 생명을 위해 작용할 때 가장 큰 진리가 되고 가장 정의로운 것이 된다. 하나님은 니느웨만 용서하신 것이 아니다. 더 큰 악에 빠진 요나도 용서하셨다. 죄인을 용서하고 그를 살리는 것이 참 진리이고 정의이기 때문이다.

오늘날 교회 안에도 자기 나름의 진리와 정의로 무장된 요나가 많

---

11) 우택주, 『요나서의 숨결』(대전: 침례신학대학교출판부, 2009), 69-70.

5장 • 요나, "하나님의 자유와 긍휼을 망각한 자 누구인가"

이 있다. 자기가 하나님을 가장 잘 믿는다고 자부하지만 실상은 자신의 진리와 정의를 앞세워 하나님을 독점하려 하고, 오직 자신만이 하나님을 가장 잘 안다고 착각하는 이기적이고 교만한 신앙인들이 현대판 요나다. 현대판 요나는 일견 모범적인 신앙인들 가운데 상당히 많다. 이를 "요나신드롬"(Jonah-Syndrome)이라고 한다. 이들에게는 포용보다 배제가 자연스럽다. 더하기보다는 빼기를 즐기고, 이해보다는 정죄가 앞선다. 자신의 눈에 있는 들보는 보지 못하고 남의 티만 확대해서 보는 것이다.

마태복음 20장의 비유에 나오는 이른 아침부터 오후 늦게까지 하루 종일 포도원에서 성실하게 일했던 자들이 바로 요나다. 그들은 일과 시간 막바지에 고용된 사람들이 자신들과 동일한 임금을 받자 더는 참지 못하고 불평을 늘어놓는다. 물론 이들의 불평을 세상의 경제논리로 보면 전혀 이해가 안 가는 것은 아니다. 그러나 이 비유는 포도원 주인이 던지는 다음의 질문으로 끝을 맺는다.

"14 네 것이나 가지고 가라 나중 온 이 사람에게 너와 같이 주는 것이 내 뜻이니라 15 내 것을 가지고 내 뜻대로 할 것이 아니냐 내가 선하므로 네가 악하게 보느냐"(마 20:14-15).

하나님 나라의 경제학은 근본적으로 하나님의 선하심과 자비하심에 기초한다. 하지만 마태복음 20장에 등장하는 요나들은 만유의 주인이 되시는 하나님의 인애로운 마음과 무한한 자유를 제대로 이해하지 못했다. 포도원의 요나들은 일을 "시간"으로 재지만, 하나님은 "마음"으로 재신다.[12] 요나는 일자리를 구하지 못해 식솔들의 하루치 끼니를 걱정하며 종일 발을 동동 구른 실업자들의 마음을 헤아리지 못한다. 요나가 일당에 대한 걱정 없이 "몸으로" 일하는 동안, 일자리를 구하지 못한 실업자들은 내내 애타는 "마음으로" 일을 한 것이다. 그런데도 요나는 상대방의 절박한 마음을 헤아리지 않고 오로지 자신의 안정된 처지와 능력만을 내세운다.

누가복음 15장의 탕자 비유에 나오는 큰아들도 요나다. 방탕한 둘째 아들이 상속받았던 재산을 전부 탕진하고 집에 돌아오자, 기쁨을 못 이긴 아버지는 돌아온 아들을 위해서 잔치를 진설한다. 하지만 집에 있던 모범생 큰아들은 그 잔치에 참석하기를 거부한다. 큰아들은 아버지의 비상식적인 관대함을 도무지 이해할 수가 없다. 그래서 잔치석상에 들어오지도 않은 채 멀리서 불만을 쏟아붓는다. 아밋대의 아들 요나가 하나님이 머무시는 니느웨를 거부하였듯이, 큰아들 요나도 아버지가 자리하는 잔칫집을 거부한다. 선배 요나가 니느웨의 심판을 주장하듯이, 후배 요나도 방탕한 동생의 처벌을 원한다. 그러나 모범생 큰아들과 방탕한 둘째 아들을 차별 없이 사랑으로 대하는 것이 아버지의 마음이다. 요나는 이런 아버지의 무차별적 긍휼을 이해하지 못한다. 이처럼 하나님의 자유와 긍휼을 망각한 이들이 바로 요나다. 당신도 혹시 이 시대의 요나가 아닌가?

---

12) 이어령, 『지성에서 영성으로』(서울: 열림원, 2010), 237.

6장
미가,
"약자들의 울음에 민감한 자 누구인가"

"너희로 말미암아"

(미 3:9-12)

미가 1:1의 표제에 의하면 미가는 이사야와 동시대에 등장한 예언자로 주전 740-700년까지 활동한 것으로 보인다. "유다의 왕들 요담과 아하스와 히스기야 시대에 모레셋 사람 미가에게 임한 여호와의 말씀 곧 사마리아와 예루살렘에 관한 묵시라." "미가"(מִיכָה)라는 이름은 "누가 야웨와 같은가?"(מִיכָיָה '미가야', 미 7:18)라는 질문의 단축형이다. 이 시기에 아시리아 제국은 밖을 향해 세력을 본격적으로 펼치기 시작하여 서쪽으로는 지중해까지, 남쪽으로는 한동안 이집트까지 이르렀다. 지중해 동쪽 연안의 다른 작은 나라들과 함께 유다도 필연적으로 이 영향을 받을 수밖에 없었다.

유다는 처음에는 아시리아의 패권을 인정하고 스스로 신복이 됨으로써 간신히 국가의 명맥을 유지할 수 있었다(주전 735년, 사 7:1-25). 그 이후 아시리아는 주전 722년 사마리아를 파괴시키고 북 왕국 이스라엘을 함락시켰다(미 1:6). 그리고 주전 701년 유다 왕 히스기야가 아시리아에 반기를 들자 아시리아의 산헤립이 대군을 이끌고 유다의 성읍 46곳을 초토화시켰다(사 1:7). 이 가운데는 주요한 도시였던 라기스도 포함되었다(미 1:13). 당시 예루살렘은 포위를 당하여 함락 직전까지 갔으나 간신히 살아남았다(사 1:8-9; 36-37장). 이러한 상황에서 미가는 예루살렘 성읍과 성전이 파괴될 것을 예언했다(미 1:8-9; 3:12).

미가서의 핵심 메시지는 6:8에 담겨 있다. 이 메시지는 주전 8세기에 선포된 예언들의 핵심 내용이다. 하나님이 진정으로 원하시는 것은 "정의를 행하며"(암 5:24), "인자를 사랑하며"(호 6:6), "하나님과 동행하는 것"(사 7:9)이다. 이 선포는 예수님이 서기관과 바리새인들에게 하신 말씀에서 다시 언급되며, 오늘날에도 신자들의 삶 가운데서 반드시 회복되어야 할 중요한 영성의 요소다.

> "화 있을진저 외식하는 서기관들과 바리새인들이여 너희가 박하와 회향과 근채의 십일조는 드리되 율법의 더 중한 바 정의와 긍휼과 믿음은 버렸도다 그러나 이것도 행하고 저것도 버리지 말아야 할지니라"(마 23:23).

1. 미가 3:9-12의 배경과 구조

미가가 활동한 때는 유다의 왕들인 요담과 아하스와 히스기야가 차례대로 통치하던 시대였다(미 1:1). 주전 8세기에 예언자로 활동한 미가가 선포한 미가 3:12의 말씀은, 그로부터 100년 뒤에 등장한 예언자 예레미야가 예레미야 26:18에서 다시 인용한다. 선배 예언자의 예언을 후배 예언자가 이름까지 밝히면서 언급하는 경우는 구약성경 전체에서 이 본문이 유일하다.[1]

> "유다의 왕 히스기야 시대에 모레셋 사람 미가가 유다의 모든 백성에게 예

---

1) R. Kessler, *Micha*, Herders Theologischer Kommentar zum Alten Testament (Freiburg: Verlag Herder, 1999), 170.

언하여 이르되 만군의 여호와께서 이와 같이 말씀하셨느니라 시온은 밭 같이 경작지가 될 것이며 예루살렘은 돌 무더기가 되며 이 성전의 산은 산 당의 숲과 같이 되리라 하였으나"(렘 26:18).

예레미야서에 의하면, 미가는 유다 왕 히스기야 시대에 이 말씀(미 3:9-12)을 전한 것으로 보인다. 그렇다면 미가 3:9-12의 말씀은 히스기 야가 통치하던 시대를 배경으로 하고 있음을 알 수 있다.

이 본문은 다음과 같이 구성되어 있다.

9절: 우두머리와 통치자들에 대한 소환
10-11절: 지도자들에 대한 고발
　　10절: 피와 죄악의 건축사업
　　11절: 우두머리, 제사장, 예언자의 물질매수와 거짓신앙
12절: 예루살렘에 대한 심판: 시온의 멸망

2. 미가 3:9-12의 본문 풀이

1) 우두머리와 통치자들에 대한 소환(미 3:9)

미가는 야곱 족속의 우두머리들과 이스라엘 족속의 통치자들을 소환 한다. 그들은 정의를 미워하고 정직한 것을 굽게 하는 자들이다. "정의 를 미워하다"라는 말에서 "미워하다"라는 단어는 "역겨워하다/가증히 여기다"라는 뜻이다. 이 단어는 주로 잘못된 종교행위와 우상숭배를 가 리킬 때 쓰인다.

"25너는 그들이 조각한 신상들을 불사르고 그것에 입힌 은이나 금을 탐내지 말며 취하지 말라 네가 그것으로 말미암아 올무에 걸릴까 하노니 이는 네 하나님 여호와께서 <u>가증히 여기시는</u> 것임이니라 26너는 <u>가증한 것을</u> 네 집에 들이지 말라 너도 그것과 같이 진멸 당할까 하노라 너는 그것을 멀리 하며 심히 미워하라 그것은 진멸 당할 것임이니라"(신 7:25-26).

유다의 지도자들은 하나님이 원하시는 정의를 역겨워하고 있다. 이 역겨움이란 어휘는 하나님께서 우상숭배 행위에 대해 보이시는 가장 극렬한 형태의 부정적 반응을 표현하는 것이다. 그런데 어처구니없게도 이스라엘의 지도자들은 정의를 역겨워한다. 한마디로 정의를 내팽개친 것이다. 더 나아가 그들은 (올)바르고 곧은 것을 구부러뜨린다. 또한 그들은 백성을 바르게 다스리고 돌보는 대신 폭력과 거짓말로 백성을 파멸로 이끌고 있다. 그리하여 미가는 자신에게 주어진 최소한의 의무를 저버린 지도자들을 향해 분노하며 외치고 있다.

2) 지도자들에 대한 고발(미 3:10-11)

(1) 피와 죄악의 건축사업(10절)

10절에는 "시온을 피로, 예루살렘을 죄악으로 건축하는도다"라고 적혀 있다. 이런 표현은 2-3절에 언급된 지도자들의 죄악에 대한 비유를 구체적으로 언급한 것이다.

"2너희가 선을 미워하고 악을 기뻐하여

내 백성의 가죽을 벗기고

그 뼈에서 살을 뜯어 3 그들의 살을 먹으며

그 가죽을 벗기며 그 뼈를 꺾어 다지기를

냄비와 솥 가운데에 담을 고기처럼 하는도다"(미 3:2-3).

이 구절은 일종의 카니발리즘(cannibalism)으로, 백성을 죽음으로 내모는 권력자들의 잔인함을 비유적으로 묘사한다. 10절의 표현은 국가의 이름으로 행해진 강제노동의 잔혹스러움을 지적하고 있다. 이는 일종의 국가적 폭력이다. 고대사회에서는 오직 왕만이 강제노역을 부과할 수 있는 힘이 있었다.[2] 다윗과 솔로몬 시대에 조직된 관리 명단을 보면 강제노역을 담당한 관리직이 언급된다.

"아도람은 감역관(עַל־הַמַּס '알-하마스')이 되고 아힐룻의 아들 여호사밧은 사관이 되고"(삼하 20:24).

"아히살은 궁내대신이요 압다의 아들 아도니람은 노동 감독관(עַל־הַמַּס '알-하마스')이더라"(왕상 4:6; 참조. 왕상 5:14).

따라서 미가는 3:10에서 왕이 주도하는 토건정책을 노골적으로 비판한다. 물론 여기서 미가가 당시 유다 왕이 직접 건설현장에서 건축행위를 주도함을 지적하는 것은 아닐 것이다. 다만 이러한 토건정책의 최

---

2) R. Kessler, *Micha*, Herders Theologischer Kommentar zum Alten Testament (Freiburg: Verlag Herder, 1999), 163.

종 책임자로서 왕을 거론하며 그를 비판하고 있다.

주전 8세기 말경 히스기야 왕은 대규모 토목사업을 벌였다. 주거용 건물 옆에 쌓은 성들과 공공건물이 마치 땅의 버섯처럼 여기저기 자리 잡기 시작했다.

"가옥에 가옥을 이으며
전토에 전토를 더하여 빈틈이 없도록 하고
이 땅 가운데에서 홀로 거주하려 하는 자들은
화 있을진저"(사 5:8).

역대기에 따르면 당시 히스기야 왕 개인의 재산과 기업도 상당했다고 전해진다. 이러한 보물과 재화를 보관할 창고와 성읍을 건축하는 일도 활발했던 것으로 보인다.

"27 히스기야가 부와 영광이 지극한지라 이에 은금과 보석과 향품과 방패와 온갖 보배로운 그릇들을 위하여 창고를 세우며 28 곡식과 새 포도주와 기름의 산물을 위하여 창고를 세우며 온갖 짐승의 외양간을 세우며 양 떼의 우리를 갖추며 29 양 떼와 많은 소 떼를 위하여 성읍들을 세웠으니 이는 하나님이 그에게 재산을 심히 많이 주셨음이며"(대하 32:27-29).

또한 기혼 샘을 예루살렘 도시 내부로 통하게 한 실로아(Siloah) 터널은 당시의 건축 기술로는 가히 최고의 금자탑이라 할 수 있다. 암반을 관통하여 만든 이 터널은 길이가 512m, 폭은 대략 60cm, 높이는

0.5-3m로, 보통 "히스기야 터널"이라고 불린다.[3]

> "히스기야의 남은 사적과 그의 모든 업적과 저수지[실로암 못]와 수도[히
> 스기야 터널]를 만들어 물을 성 안으로 끌어들인 일은 유다 왕 역대지략에
> 기록되지 아니하였느냐"(왕하 20:20; 참조. 대하 32:30).

아마도 미가는 국가적 차원의 토목사업과 강제부역 자체를 비판하
는 것은 아닐 것이다. 고대국가에서 토목사업과 강제부역은 최고 권력
자인 왕의 고유한 권리이며, 이에 복종하는 것은 백성의 당연한 의무
였다. 미가가 문제 삼는 것은 일의 실행 방식이다.[4] 미가는 여기서 "피
와 죄악으로 건축한다"는 점을 지적한다. 온갖 불법과 잔인함으로 행해
지는 건축행위 때문에 무고한 백성이 부상당하고 죽임을 당하는 현실
을 고발하는 것이다. 그리하여 미가는 예루살렘의 호화로운 건축물들
을 보고 예루살렘이 피로 그리고 죄악으로 건축되었다고 단호하게 고
발하고 있다.

권부의 중심에 있는 자들은 아름다운 성읍 예루살렘 한복판에 웅장
하게 자리한 건축물들의 외형을 바라보며 거기에 도취되지만, 예언자
의 눈은 정교하게 다듬어진 나무와 정성스럽게 쪼아 만들어진 돌의 배
후에 감춰진 무언가를 바라본다. 예언자는 그러한 건축물들을 만들 때

---

3) H. W. 볼프, 『예언과의 만남』, 차준희 역(서울: 대한기독교서회, 1999), 74.
4) R. Kessler, *Micha*, Herders Theologischer Kommentar zum Alten Testament (Freiburg:
   Verlag Herder, 1999), 164-165.

많은 사람들이 희생되었다는 불편한 진실에 주목한다.[5] 청렴한 모레셋 지방의 예언자 미가의 눈은 수도 예루살렘의 호화 건물들과 주택들의 배후에 동포들을 억압한 악랄한 불의가 숨겨져 있음을 꿰뚫어본다. 이들의 화려한 사치가 실제로는 동포들의 소유와 피와 땀이라고 하는 희생을 통해 얻어진 것이다. 권력자들과 부자들의 기득권 안정과 재산권의 보호냐 아니면 가난한 자들의 생명권과 생존권이냐 하는 양자택일의 선상에서 미가는 자신이 마땅히 서야 할 자리에 굳게 서 있다.

(2) 우두머리, 제사장, 예언자의 물질매수와 거짓신앙(11절)

미가는 당시 타락한 지도자들을 일일이 거론한다. 그들은 대표적으로 우두머리, 제사장, 예언자들이다. 우두머리와 제사장과 예언자는 본디 백성을 보호하고 그들의 안전을 보장하기 위한 장치로서 세워진 지도자들이다.

먼저 우두머리에 주목해보자. 당시의 우두머리들은 물질에 매수되어 있었다. 이들의 매수 행위는 특히 법정에서 소송이 벌어질 때 공공연히 자행된다. 우두머리들은 그들이 행하는 일로 보아 재판관을 가리키는 것으로 보인다. 재판관들은 사회정의를 실행하고 확립하기 위해서 세워진 국가의 중추적 자리에 있는 관리다. 옛날부터 고관들이나 재판관들의 뇌물수수와 매수는 아주 흔한 고질적인 병폐였던 모양이다. 이들의 물질 매수에 대한 경고와 사례는 구약성경 여러 군데에서 언급되고 있다.

---

5) 제임스 림버그, 『호세아-미가』, 현대성서주석, 강성열 역(서울: 한국장로교출판사, 2004), 279.

"너는 뇌물을 받지 말라 뇌물은 밝은 자의 눈을 어둡게 하고 의로운 자의 말을 굽게 하느니라"(출 23:8).

"악인은 사람의 품에서 뇌물을 받고 재판을 굽게 하느니라"(잠 17:23).

"네 고관들은 패역하여 도둑과 짝하며
다 뇌물을 사랑하며 예물을 구하며
고아를 위하여 신원하지 아니하며
과부의 송사를 수리하지 아니하는도다"(사 1:23).

다음으로 제사장들을 살펴보자. 제사장들은 제의 전문가로서 하나님과 사람과의 만남을 매개하는 중재자 역할을 했다. 오직 제사장만이 하나님의 세계와 사람의 세계를 연결해주는 메신저이며, 또 거기에 필요한 전문지식과 기능을 소유한 자들이었다. 제사장을 통하지 않고는 누구도 직접 하나님께 나아갈 수 없었다. 또한 제사장은 성소에서 율법을 가르치는 책임을 맡았다. "주의 법도를 야곱에게, 주의 율법을 이스라엘에게 가르치며 주 앞에 분향하고 온전한 번제를 주의 제단 위에 드리리로다"(신 33:10). 그들은 성소를 찾은 사람들이 하나님께 드릴 제물의 깨끗함과 부정함, 더러움과 거룩함을 분별하기 위한 심각한 질문에 정확한 답을 주어야 하는 책임이 있었다.

"내 백성에게 거룩한 것과 속된 것의 구별을 가르치며
부정한 것과 정한 것을 분별하게 할 것이며"(겔 44:23).

그러나 거룩한 성소에서 일하는 야웨 하나님의 제사장조차도 백성의 생존을 위협하는 타락한 지도층의 일원이 되었다. 제사장의 타락은 당시 이스라엘 종교생활의 실제 영역에서는 더 이상 아무런 희망도 기대할 수 없음을 보여준다. 하나님 앞에서 억울함을 토로하고 해결받을 수 있는 길이 완전히 차단된 것이다.

그렇다면 예언자들은 어땠을까. 안타깝게도 하나님의 말씀을 전달해야 하는 예언자직도 돈에 매수되어 부패했다. 예언자들에게는 이스라엘 백성을 위하여 끊임없이 중보기도하고, 백성에게 그 시대에 주어진 살아 있는 하나님의 말씀을 전달해야 할 책임이 있었다. 그러나 그들도 자신의 거룩한 직임을 돈벌이로 오염시켜버렸다.

"너희[거짓 예언자]가 두어 움큼 보리와 두어 조각 떡을 위하여 나를 내 백성 가운데에서 욕되게 하여 거짓말을 곧이 듣는 내 백성에게 너희가 거짓말을 지어내어 죽지 아니할 영혼을 죽이고 살지 못할 영혼을 살리는도다"(겔 13:19).

이처럼 힘없는 백성을 보호하고 위로하기 위해서 세워진 국가의 모든 제도가 총체적으로 무너져 버렸다. 그 결과 하나님의 이름으로 주어지는 최소한의 도움과 지원을 얻을 수 있는 곳은 어디에도 없었다.

재판관들(우두머리들)은 뇌물에 길들여져 있었다. 제사장들은 하나님의 율법을 시장에서 사고파는 물건으로 전락시켜버렸다. 예언자들은 그들의 소명을 돈 버는 상업수단으로 만들어버렸다. 한마디로 돈을 위해서 재판관들은 법을 팔고, 제사장들은 율법을 팔고, 예언자들은 사명을 팔았다. 그들은 돈에 눈이 먼 불의한 장사치로 전락하고 말았다.[6] 한 시대의 지도층이 전부 타락하고 만 것이다. 재물을 사취하고 축재하는 일만이 그들 행동의 유일한 규범이었다. 그들은 연약한 백성을 갈취해서 돈을 끌어 모으는 데만 혈안이 되어 있었다. 그들의 눈에는 더 이상 하나님이 보이지 않고 이웃도 보이지 않았을 것이다. 그들에게 보이는 것은 오직 자신들의 사리사욕을 채우기 위한 돈뿐이다. 돈, 돈, 돈! 돈이 바로 그들의 실제적인 신이었다. 그들은 하나님 대신에 돈을 섬기는 영적 음행을 저지른 돈의 종이었다.

더욱 한심하고 화가 나는 것은 그들이 스스로 하나님과 최상의 관계를 유지하고 있다고 굳게 믿는다는 사실이다. 금전욕보다 훨씬 더 흉측한 것은 그들이 뒤집어쓰고 있는 "경건의 가면"이다. 그들의 머리는 오직 돈만을 생각하면서도 입술로는 하나님을 말한다. 분명 그들에게 "돈이 하나님보다 더 큰 목소리를 내지만"(Money talked louder than God!),[7] 그들은 하나님이라는 말로 자신들의 가증스러운 행위를 위장한다. 그리고 다음과 같이 공공연히 하나님의 이름을 들먹이면서 간증(?)하고 다닌다.

"여호와를 의뢰하여 이르기를
여호와께서 우리 중에 계시지 아니하냐
재앙이 우리에게 임하지 아니하리라 하는도다"(미 3:11b).

---

6) 이동수, "지도자들의 불의 때문에(미 3:9-12)", 『예언서 연구』(서울: 장로회신학대학교출판부, 2005), 162-190, 특히 182.

7) J. L. Mays, *Micah*, Old Testament Library (London: SCM Press Ltd, ³1985), 83.

그들은 예루살렘이 거룩한 하나님의 거처이기 때문에 그곳에는 어떠한 재앙도 임하지 않을 거라 확신하고 있다. 하나님의 사람(백성)을 헌신짝처럼 내치고 짓밟은 지도자들이 가증스럽게도 하나님이 자기와 함께하신다고 굳게 믿고 있다. 물론 그들도 겉으로는 하나님에 대한 신앙이 있는 것처럼 행동한다. 허황된 구원의 확신에 사로잡혀 있는 것이다. 이들은 공의를 배척하면서까지 경제적인 이득에만 몰두하고 행위와 입술로만 야웨께 헌신하는 행위 사이에서 조금의 모순도 느끼지 못하는 것 같다.

그들에게 하나님은 단순히 인간의 현실을 위한 안전 보증서, 혹은 미래에 대한 두려움을 잠재우는 "신경안정제" 정도로 취급되고 있다.[8] 어떠한 형태로든 하나님을 자기 손에 넣고 자기 목적을 위해 마음대로 이용하려는 인간의 모든 시도는, 하나님과 인간 사이의 정당한 관계를 왜곡시킨다. 예언자는 하나님을 이렇게 왜곡해서 이해하는 것을 죄라고 한다.

의식적으로든 무의식적으로든 간에 하나님의 계명을 깔아뭉개면서 하나님의 도움과 보호를 기대하는 거짓된 행위는 참된 경건성과 진실성을 상실하게 하고 결국 범죄에 빠지게 한다. 이들의 신앙은 가짜다. 이웃의 눈에 피눈물을 흐르게 하면서 하나님을 믿는다고 하는 것은 흉측한 가면이다. 이러한 망측스러운 경건의 가면은 반드시 벗겨져야 한다.

---

8) A. 바이저/K. 엘리거, 『소예언서』, 국제성서주석(서울: 한국신학연구소, 1985), 106.

3) 예루살렘에 대한 심판: 시온의 멸망(미 3:12)

미가는 이러한 거짓 경건의 가면을 갈파하고, 하나님이 그 가면을 찢어 버리신다고 선포한다. 미가의 예언은 12절의 말씀으로 막을 내린다.

> "이러므로 너희로 말미암아
> 시온은 갈아엎은 밭이 되고
> 예루살렘은 무더기가 되고
> 성전의 산은 수풀의 높은 곳이 되리라"(미 3:12).

미가가 선포한 예언의 첫 마디는 "이러므로 너희로 말미암아"이다. "너희로 말미암아"(בִּגְלַלְכֶם '비글랄켐')의 "너희"는 불의한 지도자들을 가리킨다. 미가 3:9-11에서는 "너희"를 3인칭으로 지칭했지만, 여기서는 2인칭으로 지칭하여 직접화법으로 표현하고 있다. 이는 예루살렘과 성전이 멸망한 직접적인 원인이 바로 불의한 지도자들 때문임을 강조하기 위함이다.[9]

> "이러므로 너희로 말미암아!(בִּגְלַלְכֶם '비글랄켐')
> 그토록 경건하게 중심 가운데 하나님을 신앙하는
> 너희로 말미암아!(בִּגְלַלְכֶם '비글랄켐')
> 종교적인 확신으로 가득 차서 미래를 낙관하는

---

9) 이동수, "지도자들의 불의 때문에(미 3:9-12)", 『예언서 연구』(서울: 장로회신학대학교출판부, 2005), 162-190, 특히 185.

너희로 말미암아!(בִּגְלַלְכֶם '비글랄켐')

너희로 말미암아(בִּגְלַלְכֶם '비글랄켐') 시온은 쓰레기 더미가 된다!

너희로 말미암아(בִּגְלַלְכֶם '비글랄켐') 예루살렘은 황무지가 된다!

너희로 말미암아(בִּגְלַלְכֶם '비글랄켐') 성전은 재칼들과 하이에나들이 포효하는 황야가 된다!"[10]

하나님이 세우신 법을 지도자들이 오로지 자신들에게만 유리하게 악용했기 때문에 그 결과로 예루살렘이 망할 것이다. 지도자들은 하나님이 주신 권한과 책임의 본질을 망각하고 자기 배를 채우는 데만 급급했기 때문에 그 결과로 예루살렘은 황폐해질 것이다.

이곳에서 미가가 야웨의 이름을 의도적으로 절제하여 사용하고 있음을 놓쳐서는 안 된다. 이와는 대조적으로 하나님의 공의를 무시하고 약한 자들을 억압하는 지도자들의 가면 속에는 언제나 야웨의 이름이 울려 나온다.

"여호와께서 우리 중에 계시지 아니하냐?"(미 3:11)

"여호와의 영이 성급하시다 하겠느냐?"(미 2:7)

불의한 지도자들은 야웨의 이름을 입에 달고 다닌다. 그러나 미가는 야웨의 이름을 사용하는 것을 극도로 절제하고 있다. 미가는 하나님

---

10) H. W. 볼프, 『예언과의 만남』, 차준희 역(서울: 대한기독교서회, 1999), 78.

의 심판을 진술하면서도 "시온은 뒤집혀질 것이다"라는 수동형 문장을 사용한다. 그는 "야웨께서 시온을 뒤집어엎을 것이다"라고 말하지 않는다. 미가는 "야웨의 집의 산"(הַר בֵּית־יְהוָה '하르 베이트-야웨', 미 4:1)이 아니라 그저 "그 집의 산"(הַר הַבַּיִת '하르 하바이트', 미 3:12)이라고 말한다. 이처럼 그는 의도적으로 하나님의 이름 야웨를 생략한다. 그는 또한 결정적인 진술(미 3:12)에서도 예언자의 전형적인 양식인 "그러므로 야웨께서 말씀하신다"(כֹּה־אָמַר יְהוָה '코 아마르 야웨')라는 말투를 피한다. 툭하면 하나님의 이름을 들먹이는 위선적인 지도자들의 어투 탓에, 도리어 예언자 미가는 하나님의 이름에 대한 언급을 극도로 자제하는 것같다.[11] 여기서 "주여! 주여!"를 외치면서 아버지의 뜻은 행하지 않았던 자들을 거절했던 예수님의 말씀이 생각난다.

"나더러 주여 주여 하는 자마다 다 천국에 들어갈 것이 아니요 다만 하늘에 계신 내 아버지의 뜻대로 행하는 자라야 들어가리라"(마 7:21).

미가 3:12의 말씀은 구약에서 처음으로 명백하게 하나님이 영원히 거하신다고 믿었던 예루살렘 성전이 멸망할 것이라고 예언한 말씀이다. 미가는 예루살렘 성전의 멸망을 최초로 예언한 예언자다. 이 말씀이 그 당시 청중들에게 얼마나 충격적이었는지는 100년 이상이 지난 예레미야 26:18에서 다시 언급되는 것을 통해 잘 알 수 있다.[12] 그리고

---

11) H. W. 볼프, 『예언과의 만남』, 차준희 역(서울: 대한기독교서회, 1999), 78-79.
12) A. 바이저/K. 엘리거, 『소예언서』, 국제성서주석(서울: 한국신학연구소, 1985), 107.

이 말씀은 주전 587년 바빌로니아의 예루살렘 침공으로 성취된다.

3. 메시지

미가는 히스기야 시대에 건립한 웅장한 건축물들의 화려한 자태만을 보지 않는다. 그는 이 업적과 성취들의 이면(裏面)을 투시하고 있다. 그의 눈에는 위대한 업적들에 의해 가려진, 강제노역에 동원된 무고한 자들의 피와 탄식과 원한이 보인다. 미가는 건축물을 보면서 그것을 만들면서 발생한 수많은 건설 사고들, 그 사고들의 억울한 희생자들, 공사 감독자들의 가혹하고도 잔인한 학대를 직시한다. 그리하여 미가는 예루살렘 도성과 성전을 향하여 이렇게 외친다.

"시온을 피로, 예루살렘을 죄악으로 건축하는도다"(미 3:10).

한편 미가와 동시대에 활동한 예언자 이사야(주전 740-701년)도 예루살렘 성전을 향하여 다음과 같이 탄식하였다.

"신실하던 성읍이 어찌하여 창기가 되었는고
정의가 거기에 충만하였고 공의가 그 가운데에 거하였더니
이제는 살인자들뿐이로다"(사 1:21).

주전 600년경에 활동한 하박국 예언자에게서도 미가와 유사한 메시지를 들을 수 있다.

"피로 성읍을 건설하며 불의로 성을 건축하는 자에게
화 있을진저"(합 2:12).

예레미야는 아예 당시의 군왕인 여호야김 왕을 구체적으로 지목하
여 다음과 같이 선포한다.

"불의로 그 집을 세우며 부정하게 그 다락방을 지으며
자기의 이웃을 고용하고 그의 품삯을 주지 아니하는 자에게
화 있을진저"(렘 22:13).

예언자들의 눈에는 화려한 결과물 이면에 숨겨진 힘없는 자들의 유
린당한 권리와 무고하게 죽어간 생명이 선명하게 보인다. 위대한 업적
보다 더 중요한 것은 생명이다. 업적 때문에 사람이 다쳐서는 안 된다.
무고한 사람의 희생이 강요된 업적은 진정한 업적이 아니다. 이러한 업
적은 원한을 사서 부메랑이 되어 돌아올 것이다. 화려한 업적으로 인정
받는 것도 좋지만 그보다 더 좋은 것은 사람들에게 존경을 받는 것이
다. 그리고 존경받는 것보다 더 좋은 것이 있다면 그것은 사람들로부터
사랑을 받는 것이다.

국가의 공권력에 의해 강제로 끌려와 정당한 보수도 받지 못하면서
뼈가 부서져라 일만 하는 힘없고 궁핍한 자들의 억울함을 풀어주고 그
들을 위로하며, 나아가 그들에게 새로운 삶의 방향과 에너지를 공급해
주어야 할 책임을 맡은 자들이 본문에 언급된 우두머리와 제사장과 예
언자들이다. 그러나 어쩌면 좋으랴! 약자들을 돌봐야 할 책임을 맡은

자들이 모두 뇌물에 매수되어버렸다. 억울한 일을 당한 자들이 한 재판관에게서 다른 재판관에게로, 재판관에게서 제사장에게로, 제사장에게서 예언자에게로 달려간다. 그러나 누구에게서도, 어디에서도 도움을 받을 수 없다. 어디를 가나 돈을 요구하기 때문이다. 예루살렘의 모든 지도층 인사들이 돈에 매수당했다.

그들은 성전 뒤에서 부당한 돈을 게걸스럽게 삼키고는 천연덕스럽게 성전 예배에 참석하여 하나님이 그들과 함께하시기 때문에 우리에게 재앙은 없다고 확신에 차서 말한다. 어찌 이와 같은 자들에게 심판이 없겠는가! 불경건의 가면은 언젠가는 폭로되어 벗겨지게 되어 있다. 바로 이런 불의한 자들 때문에 예루살렘 도성과 성전은 갈아엎어지고 폐허더미가 되며 들짐승들이 우글거리는 장소로 전락할 것이다.

우리는 여기서 미가를 필두로 한 예언자들이 보여주는 일치된 하나의 현상에 주목해야 한다. 예언자 미가는 화려한 외양에 현혹되지 않고, 그 이면에 숨겨진 약자들의 신음소리와 탄식소리를 들을 수 있는 깨어 있는 영성을 소유하고 있다. 미가는 약자들의 부르짖음에 민감한 따뜻한 가슴을 가진 예언자였다. 미가의 영성은 매사에 약자들의 사정을 먼저 살핀다.

이처럼 하나님의 사람이라면 낮고 어두운 곳에서 혼자 눈물을 삼키며 속으로 흐느끼는 이들의 신음소리를 들을 수 있어야 한다. 이집트의 거대한 피라미드를 바라보며 고대 이집트인들의 뛰어난 기하학과 건축기술에 감탄하기 이전에, 또한 중국의 만리장성을 바라보며 고대 중국인들의 엄청난 스케일에 경이로움을 갖기 이전에, 수많은 노예들이 강제로 그곳에 동원되어 인권을 무자비하게 유린당했음을 먼저 느낄 수 있어야 한다.

> 우리는 항상 예수님의 자리를 생각해야 한다.
> 세상 사람들이 버린 사람들,
> 세상 사람들이 부담스러워하는 사람들,
> 세상의 경주에서 낙오된 사람들,
> 이 세상이 반기지 않고, 소외된 사람들의 옆에는
> 언제나 예수님이 계셨다.

혹시 예수님의 제자라고 자부하는 우리가 높고 화려한 곳만 바라보면서 무자비하고 이기적인 질주를 하고 있지는 않은가. 기실 언제부터인가 한국교회는 중산층교회로 발돋움하면서 생활고에 시달리는 서민층의 애환에 둔감해졌다. 무의식 중에 외면하는 것만으로도 모자라 교회가 기득권층의 종교적 전위대 역할을 하는 조짐까지 보이고 있다. 과연 한국교회는 저 낮은 곳의 신음소리와 손짓을 언제까지 외면할 것인가.

하나님이 한국교회를 물질적으로 이만큼이나 채워주시고 높여주셨으면 우리는 그럴수록 더욱더 낮은 곳에 관심을 가져야 하지 않을까? 우리는 더 늦기 전에 하나님이 높여주신 만큼 그 앞에서 더 낮아져야 한다. 우리는 미가가 애절하게 외친, 심판으로 이끄는 "너희로 말미암아"(בִּגְלַלְכֶם '비글랄켐')가 아니라, 구원으로 이끄는 "우리로 말미암아"(בִּגְלַלְנוּ '비글랄레누')로 변화되어야 한다.

소설가 김영하의 장편 『너의 목소리가 들려』에는 실어증(失語症)에

걸린 친구의 생각을 들을 수 있는 초능력을 가진 소년이 나온다.[13] 이 소년은 사회의 약자들이 내는 속울음에 귀를 기울이고 말을 잃어버린, 아니 차마 겉으로는 소리 내어 울지 못하는 사람들의 마음을 속속들이 읽어낸다. 혹 이 소년이 21세기판 성자 예수가 아닐까. 이제 우리의 귀에도 약자들의 속울음이 크게 들려야 한다. "너희로 말미암아"(בִּגְלַלְכֶם '비글랄켐')가 아닌 "우리로 말미암아"(בִּגְלָלֵנוּ '비글랄레누')로!! "비글랄켐"(בִּגְלַלְכֶם)에서 "비글랄레누"(בִּגְלָלֵנוּ)로!!

---

13) 김영하, 『너의 목소리가 들려』(서울: 문학동네, 2012).

열두 예언자의 영성

7장
나훔,
"하나님의 진노의 버튼을 누를 자 누구인가"

"노하기를 더디 하시나"

(나 1:1-8)

나훔에 대해서는 그의 이름과 고향이 엘고스라는 것만 알려져 있다. "니느웨에 대한 경고 곧 엘고스 사람 나훔의 묵시의 글이라"(나 1:1). 그러나 엘고스라는 지명이 어딘지는 확실치 않다. 나훔은 "위로"를 뜻한다("여호와께서 위로하셨다"는 뜻의 이름). 그는 유다가 고통스러운 시기를 보낼 때, 희망의 힘으로 어려움을 극복해나갈 수 있도록 유다 백성을 위로해준 예언자였다.

나훔은 아시리아 제국의 전성기 동안에 살았던 것으로 보인다. 사실 나훔서에는 특정한 연대가 나와 있지 않다(나 1:1). 다만 나훔서에 반영되어 있는 두 가지 사건으로 나훔의 활동 연대를 추정할 수 있다. 하나는 나훔 3:7의 주전 612년에 발생한 니느웨 멸망 사건이다. 당시 니느웨는 아시리아의 수도였다. 나훔은 여기서 니느웨의 멸망을 예고한다.

"그때에 너를 보는 자가 다 네게서 도망하며 이르기를
니느웨가 황폐하였도다
누가 그것을 위하여 애곡하며
내가 어디서 너를 위로할 자를 구하리요 하리라"(나 3:7).

또 다른 하나는 주전 663년 아시리아 왕 앗술바니팔(Ashurbanipal,

주전 669-626년)이 이집트의 수도 노-아몬(테베[Thebes], 오늘의 룩소르 [Luxor])을 약탈한 사건이다. 이 사건이 나훔 3:8-11에 기록되어 있는 데, 이 본문은 테베의 멸망을 전제로 한다.

"8 네가 어찌 노아몬보다 낫겠느냐

그는 강들 사이에 있으므로 물이 둘렸으니

바다가 성루가 되었고 바다가 방어벽이 되었으며

9 구스와 애굽은 그의 힘이 강하여 끝이 없었고

붓과 루빔이 그를 돕는 자가 되었으나

10 그[애굽]가 포로가 되어 사로잡혀 갔고

그의 어린 아이들은 길 모퉁이 모퉁이에 메어침을 당하여 부서졌으며

그의 존귀한 자들은 제비 뽑혀 나뉘었고

그의 모든 권세자들은 사슬에 결박되었나니

11 너도 술에 취하여 숨으리라

너도 원수들 때문에 피난처를 찾으리라"

(나 3:8-11).

나훔은 과거 니느웨가 이집트 테베에 행했던 일을 그대로 니느웨에게 상기시켜주고 있다(나 3:8). 그리고 그는 니느웨의 멸망을 앞당겨 보고 있다(나 3:11). 여기서 나훔은 테베의 멸망(주전 663년)을 전제하고서, 이어 니느웨의 멸망(주전 612년)을 예고하고 있기 때문에 아마도 주전 663년부터 612년 사이에 활동한 것으로 보인다. 보통은 나훔의 활동

시기를 주전 650년경으로 본다.[1]

나훔은 아시리아 제국의 수도 니느웨의 멸망을 예고한 예언자다. 그가 이 예언을 할 당시는 아시리아의 세력이 전성기를 누리고 있을 때였다. 아시리아는 고대 근동 세계에서 가장 잔인하고 포악했던 세력이며, 고대 근동을 1세기 이상 무력으로 지배하였다. 따라서 고대 근동 국가들의 공통적인 증오의 대상이었던 아시리아에 대한 멸망 예언은, 당연히 유다에게도 매우 기쁜 소식이었을 것이다.

나훔서는 "하나님은 가장 강력한 세상 권세라 할지라도 때가 되면 반드시 종결시킬 수 있는 분이시다"라는 진리를 보여준다. 역사의 주인이신 하나님은 이 세상에서 결코 불의가 최종적으로 승리하지 않도록 적절히 통제하시고, 나아가 이 세상을 하나님의 목적에 합당한 도덕적 세계로 이끄신다.[2] 나훔서의 핵심 메시지는, "인간의 도덕성이 뒷받침되지 않는 세상의 권세는 때가 되면 하나님이 반드시 홀으신다"(나 1:2)이다.[3]

1. 나훔 1:1-8의 배경과 구조

니느웨는 고대의 크고 오래된 도시였다. 이 도시는 아마도 주전 5천 년경에 오늘날 모술(Mosul) 시 반대편에 있는 티그리스 강 동쪽에 창건된 것으로 보인다. 주전 8세기 말 아시리아의 왕 산헤립(주전 704-681

---

1) 베르너 H. 슈미트, 『구약성서 입문』, 차준희/채홍식 역(서울: 대한기독교서회, 2007), 313.
2) 베르너 H. 슈미트, 『구약성서 입문』, 차준희/채홍식 역(서울: 대한기독교서회, 2007), 315.
3) 차준희, 『예언서 바로 읽기』(서울: 성서유니온선교회, 2013), 241.

년)이 니느웨를 수도로 만들기 전까지 니느웨는 많은 변천의 역사를 겪어야 했다. 산헤립은 25년에 걸쳐 옛 도시를 복구하고 확장하여 아름답게 꾸몄다. 그는 신전과 성벽, 궁전과 수로, 정원을 만들었다.

그의 뒤를 이어서 또 다른 두 명의 강력한 왕이자 건축가인 에살핫돈(Esarhaddon, 주전 680-669년)과 앗술바니팔(주전 669-626년)이 왕위에 올랐다. 이때가 아시리아 왕국의 황금기였다. 아시리아 제국은 강력한 군사력으로 이집트에서부터 페르시아 만(灣)까지 소위 비옥한 초생달 지역 전체를 차지했다. 세계 역사상 최초의 대제국을 이룬 나라였던 아시리아의 궁전에는 속국에서 가져온 제물들이 넘쳐났다. 게다가 아시리아의 수도 니느웨 성벽은 이중으로 되어 있어서 어떤 침공에도 끄떡없는 난공불락의 요새처럼 보였다. 아시리아를 대적할 나라는 어디에도 없었다.

그 니느웨가 주전 612년에 바빌로니아와 메데의 연합군에 의해 멸망하고 만다. 한때 고대 근동 세계 전체를 호령하던 나라가 최전성기를 맞은 지 불과 25년 만에 멸망하게 되었다. 댈글리쉬(Dalglish)는 니느웨가 갑자기 쇠약해져 멸망한 이유를 앗술바니팔 통치 시대 말기에 창궐한 질병과 왕이 바빌로니아의 학문과 지식에 몰두한 것과 그 제국 내에서 내란이 증가한 일들 때문이라고 주장한다.[4]

그러나 이에 대한 나훔의 분석은 다르다. 니느웨의 멸망에 대한 나훔의 예언은 그의 개인적인 증오심에서 비롯된 것이 아니다. 또한 이 사건은 단순히 주전 7세기에 일어난 역사적 사건에서만 기인한 것도

---

4) 랄프 스미드, 『미가-말라기』, WBC성경주석, 채천석/채훈 역(서울: 솔로몬, 2001), 110.

아니다. 니느웨의 멸망은 전적으로 정의 실현을 위해 시기하시고, 원수들에게 격노하시며, 세상에 통치권을 주장하시는 "하나님의 성품"에 근거한다.[5] 이러한 하나님의 성품이 가장 완벽하게 표현되는 곳이 나훔 1:2-8이다.

나훔 1:1-8의 구조를 보면 다음과 같다.

1절: 표제
2-3a절: 야웨의 특성
   2절: 진노의 하나님
   3a전절: 은총의 하나님
   3a후절: 심판의 하나님
3b-5절: 창조의 하나님
   3b절: 하나님의 현현
   4절: 창조의 하나님
   5절: 하나님의 현현
6-8절: 야웨의 특성
   6절: 진노의 하나님
   7절: 은총의 하나님
   8절: 심판의 하나님

---

5) 랄프 스미드, 『미가-말라기』, WBC성경주석, 채천석/채훈 역(서울: 솔로몬, 2001), 107.

2. 나훔 1:1-8의 본문 풀이

1) 표제(나 1:1)

"니느웨에 대한 경고 곧 엘고스 사람 나훔의 묵시의 글이라"(나 1:1).

나훔서는 유일하게 두 개의 표제를 지닌 예언서다. 첫 번째는 "니
느웨에 대한 경고(מַשָּׂא '마사')", 두 번째는 "곧 엘고스 사람 나훔의 묵
시(חֲזוֹן '하존')의 글(סֵפֶר '세페르')이라." 또한 나훔서는 "글"(סֵפֶר '세페르',
book)이라고 분류된 유일한 예언서이기도 하다. 그렇다고 해서 나훔서
가 원래부터 글로만 기록되고 말로 선포되지는 않았다는 의미는 아니
다.[6] 나훔서의 첫 번째 표제는 이 예언의 양식과 예언의 대상을 소개하
고, 두 번째 표제는 예언자가 누구인가를 밝히고 있다.

경고로 번역된 "마사"(מַשָּׂא)는 여기서는 "신탁"(神託, oracle)이라는
뜻으로 쓰였으며, 이 단어는 구약에서 흔히 예언자의 신탁을 의미하는
전문적인 용어다(사 13:1; 14:28 등).[7] "하존"(חֲזוֹן, vision)은 "예언"이나 "계
시"를 의미한다(사 1:1; 옵 1:1). "세페르"(סֵפֶר)는 더 정확하게는 "두루마
리"를 뜻한다.[8] 다른 예언서도 나훔서와 똑같이 두루마리에 기록되었는

---

6) 엘리자베스 악트마이어, 『나훔-말라기』, 현대성서주석(서울: 한국장로교출판사, 2002), 34.

7) 노세영, 『나훔/하박국/스바냐』, 대한기독교서회 창립 100주년 기념(서울: 대한기독교서회,
   1998), 53-54.

8) K. Seybold, *Nahum, Habakuk, Zephanja*, Zürcher Bibelkommentare (Zürich:
   Theologischer Verlag, 1991), 18.

데, 유독 나훔서에만 이 표현이 나오는 것은 나훔서가 다른 예언서들과는 구별되는 특별한 책이라는 암시인 듯하다. 실제로 나훔서의 메시지는 표제에 명시된 바와 같이 니느웨에 대한 경고의 말씀들로만 이루어져 있다(나 1장: 니느웨의 심판; 나 2장: 니느웨의 파괴 예언; 나 3장: 큰 음녀 니느웨의 멸망).[9]

나훔이 전한 말씀이 유다 백성에게 큰 위로와 소망이 되는 이유는, 그 말씀이 자신들에게 온갖 악행을 저질렀던 아시리아의 수도 니느웨의 멸망을 선포하기 때문이다. 히브리어에서 위로라는 단어는 단지 말로써 안심시키는 데 그치지 않고 괴로움으로 가득 찬 상황을 변화시키는 것까지 포함한다.

2) 야웨의 특성(나 1:2-3a)

"2여호와는 질투하시며 보복하시는 하나님이시니라

여호와는 보복하시며 진노하시되

자기를 거스르는 자에게 여호와는 보복하시며

자기를 대적하는 자에게 진노를 품으시며

3a여호와는 노하기를 더디하시며 권능이 크시며

벌 받을 자를 결코 내버려두지 아니하시느니라"(나 1:2-3a).

---

9) 강성열, 『열방을 향한 공의: 나훔, 하박국, 스바냐 안내』(서울: 땅에쓰신글씨, 2003), 21.

7장 • 나훔, "하나님의 진노의 버튼을 누를 자 누구인가"

(1) 질투하시는 하나님

"질투하시는 하나님"이란 표현은 하나님과 그의 백성 간에 맺어진 배타적인 관계에 기초한다. 출애굽 사건 이후 하나님과 그분의 백성 사이에는 "나는 너희의 하나님이고, 너희는 나의 백성이다"라는 배타적인 언약관계가 성립이 되었다. 따라서 둘 사이에 누군가가 개입하여 한쪽의 마음을 훔쳐 가면 당연히 질투가 발동된다. 또한 "질투하시는 하나님"은 종종 이방의 다른 신들과는 달리 그의 백성을 보호하시는 "하나님의 열심"과 관계된 용어다.

"남은 자는 예루살렘에서부터 나올 것이요 피하는 자는 시온 산에서부터 나오리니 여호와의 열심이 이 일을 이루리라 하셨나이다 하니라"(왕하 19:31; 참조. 사 42:13; 욜 2:18).

즉 하나님의 질투는 그의 백성을 구원하시기 위하여 행하시는 하나님의 열심이다. 이러한 의미에서 볼 때 질투란 본질적으로 경쟁자를 용납할 수 없음을 의미한다. 바꿔 말하자면 경쟁자를 용납하고 합법화하는 것은 질투의 진노를 일으키는 원인이 되는 것이다.[10]

(2) 보복하시는 하나님

하나님의 보복은 중요한 개념이다. 이것은 2절 한 본문 안에서 무려 3

---

10) 노세영, 『나훔/하박국/스바냐』, 대한기독교서회 창립 100주년 기념(서울: 대한기독교서회, 1998), 63-64.

번이나 반복되고 있다. 2절을 히브리어 단어 순서대로 번역하면 이 본문의 역동성을 좀 더 확실히 느낄 수 있다.

"질투하시는 하나님, 보복하시는 하나님은 바로 야웨이시고,
보복하시는 분은 야웨로서 진노하시는 분이시며,
보복하시는 분은 야웨로서 자기를 거스르는 자에게 행하시고,
진노를 품으시되 자기를 대적하는 자에게 품으신다"(2절, 개인번역).

일반적으로 "보복한다"는 것은 부정적인 의미다. 그러나 하나님의 보복은 구원사적인 관점에서 하나님의 거룩함과 정의를 나타내는 의미로 이해해야 한다. 하나님은 당신의 뜻을 거스르는 자에게 보복하신다. 즉 하나님은 자비로운 동시에 거룩하고 정의로우시기 때문에 죄악과 부정한 것에 대해서는 심판할 수밖에 없는 분이시다.[11] 그 심판이 보복으로 표현된 것이다.

더불어 중요한 것은 보복은 "하나님의 절대 주권"에만 속한다는 사실이다. 성경은 보복이 결코 인간의 것이 아니라고 분명히 말한다.

"그들이 실족할 그 때에 내[하나님]가 보복하리라
그들의 환난날이 가까우니
그들에게 닥칠 그 일이 속히 오리로다"(신 32:35).

---

11) E. B. Smick, "naqam," *TWOT*, vol. 2, R. L. Harris/ G. L. Archer, Jr./ B. K. Waltke (eds.), (Chicago: Moody Press, 1980), 598-599.

"내가 내 번쩍이는 칼을 갈며

내 손이 정의를 붙들고

내 대적들에게 복수하며

나를 미워하는 자들에게 보응할 것이라"(신 32:41).

이 땅에서의 참된 정의의 실현은 인간의 열정으로 도모될 수 없다. 오직 야웨 하나님만이 정의의 형벌을 내리실 수 있다. 이는 다윗이 자신을 죽이려고 살기등등했던 사울 왕에게 복수할 절호의 기회가 찾아왔을 때 그가 보인 태도에서도 알 수 있다.

"11 내 아버지여 보소서 내 손에 있는 왕의 옷자락을 보소서 내가 왕을 죽이지 아니하고 겉옷 자락만 베었은즉 내 손에 악이나 죄과가 없는 줄을 오늘 아실지니이다 왕은 내 생명을 찾아 해하려 하시나 나는 왕에게 범죄한 일이 없나이다 12 여호와께서는 나와 왕 사이를 판단하사 여호와께서 나를 위하여 왕에게 보복하시려니와 내 손으로는 왕을 해하지 않겠나이다"(삼상 24:11-12).

다윗의 태도에서 우리는 하나님께서 보복하시도록 양보하는 것을 배워야 한다. 악에 대해 하나님께서 친히 보복하시고 그것을 파멸시키시도록 자리를 내어주어야지, 우리의 손으로 직접 보복해서는 안 된다. 보복은 전적으로 하나님만이 하시는 일이다.

(3) 진노하시는 하나님

하나님의 진노는 방금 전에 언급한 질투와 보복의 개념과 깊은 관련이 있다. 질투로 인하여 진노하게 되고, 그 결과로 보복의 행위가 나타나는 것이다. 특히 하나님의 진노는 하나님을 대적하는 자에게 주어진다 ("자기를 대적하는 자에게 진노를 품으시며"). 여기서 "하나님을 대적하는 자들"이란 자기가 스스로 신이 되려는 사람이나 하나님 없이 자신의 고집스러운 방식으로 세상을 사는 사람들을 말한다.[12]

(4) 노하기를 더디 하시는 권능의 하나님

"노하기를 더디 하신다"라는 표현은 구약성경에서 일반적으로 하나님의 사랑을 뜻하는 "헤세드"(חֶסֶד)와 짝을 이루어 나타난다.

"여호와는 노하기를 더디하시고 인자(חֶסֶד '헤세드')가 많아 죄악과 허물을 사하시나 형벌 받을 자는 결단코 사하지 아니하시고 아버지의 죄악을 자식에게 갚아 삼사대까지 이르게 하리라 하셨나이다"(민 14:18).

"여호와는 은혜로우시며 긍휼이 많으시며
노하기를 더디 하시며 인자하심(חֶסֶד '헤세드')이 크시도다"(시 145:8).

그런데 나훔서에서는 그 조합이 다르다. 여기서는 "사랑이 많다"는 표현 대신에 "강한 능력, 즉 권능(כֹּחַ '코아흐')을 가지셨다"는 말이 쓰였다.

---

12) 엘리자베스 악트마이어, 『나훔-말라기』, 현대성서주석(서울: 한국장로교출판사, 2002), 35.

"여호와는 노하기를 더디하시며 권능이 크시며

벌 받을 자를 결코 내버려두지 아니하시느니라"(나 1:3a).

이것은 하나님이 능력이 없어서 세상의 불의를 부득불 참고 계신 것이 아님을 보여주고 있다. 하나님이 능력이 없어서 아시리아(니느웨)를 파괴하지 못하는 것이 아니라, 당장에라도 멸망시킬 강한 힘이 충분히 있지만 아직은 인내하시며 참고 계실 뿐이라는 것이다. 나훔은 유다의 하나님이 아시리아의 신들보다도 능력이 없어서 유다가 아시리아의 지배를 받는 것이 아니라, 강한 힘을 가진 분이지만 다만 아직은 진노의 분을 참으시는 것이라고 말한다.[13]

그러나 하나님은 결코 언제까지 참기만 하시거나, 죄인을 아무 죄 없다며 묵과하시지는 않을 것이다. 하나님은 예언자 나훔을 통해 죄인에게 반드시 그 죄과를 물으시겠다고 말씀하신다. "벌 받을 자를 결코 내버려두지 아니하시느니라"(나 1:3a).

3) 창조의 하나님(나 1:3b-5)

"3b 여호와의 길은 회오리바람과 광풍에 있고

구름은 그의 발의 티끌이로다

4 그는 바다를 꾸짖어 그것을 말리시며

---

13) 노세영, 『나훔/하박국/스바냐』, 대한기독교서회 창립 100주년 기념(서울: 대한기독교서회, 1998), 67.

모든 강을 말리시나니

바산과 갈멜이 쇠하며

레바논의 꽃이 시드는도다

5 그로 말미암아 산들이 진동하며

작은 산들이 녹고

그 앞에서는 땅 곧 세계와

그 가운데에 있는 모든 것들이 솟아오르는도다"(나 1:3b-5).

나훔 1:3b-5은 마침내 심판을 결행하시는 하나님의 능력을 표현하고 있다. 이 능력은 하나님의 창조 사건에서 분명히 드러난다. 여기서는 창조주 하나님이 모든 피조물을 주관하시는 주권자이심을 강조하고 있다.

3b절의 "여호와의 길은 회오리바람과 광풍에 있고 구름은 그의 발의 티끌이로다", 5절의 "그로 말미암아 산들이 진동하며 작은 산들이 녹고 그 앞에서는 땅 곧 세계와 그 가운데에 있는 모든 것들이 솟아오르는도다"라는 구절은 모두 하나님이 등장하시는 장면을 묘사한 것이다. 구약성경에서 하나님은 자주 회오리바람이나 폭풍우를 동반하여 등장하신다.

"셋째 날 아침에 우레와 번개와 빽빽한 구름이 산 위에 있고 나팔 소리가 매우 크게 들리니 진중에 있는 모든 백성이 다 떨더라"(출 19:16).

"그 때에 여호와께서 폭풍우 가운데에서 욥에게 말씀하여 이르시되"(욥 38:1).

나훔 1:4은 혼돈의 세력인 물과 싸워 승리하시는 창조주 하나님을 묘사하고 있다.

"9여호와의 팔이여 깨소서 깨소서

능력을 베푸소서

옛날 옛시대에 깨신 것 같이 하소서

라합을 저미시고

용을 찌르신 이가 어찌 주가 아니시며

10바다를, 넓고 깊은 물을 말리시고

바다 깊은 곳에 길을 내어

구속 받은 자들을 건너게 하신 이가

어찌 주가 아니시니이까"(사 51:9-10; 참조. 시 89:9-11).

이를 통하여 창조주 하나님은 이 세상의 어떤 누구도 그분과 견줄 수 없는 절대 주권자이심을 말하고 있다.

우리는 여기서 창조주 하나님의 꾸짖음이 현재진행을 나타내는 능동 분사로 쓰이고 있음에 주목해야 한다. 이것은 혼돈의 세력을 무찌르시는 창조주 하나님의 절대 주권이 지금도 계속되고 있음을 뜻한다.[14] 하나님의 세계 역사 통치는 완료형이 아니다. 그것은 현재 진행형이다. 따라서 나훔은 하나님의 백성 이스라엘의 대적이요, 더 나아가 하나님

---

14) 노세영, 『나훔/하박국/스바냐』, 대한기독교서회 창립 100주년 기념(서울: 대한기독교서회, 1998), 69.

의 대적으로 역사의 혼돈 세력인 아시리아의 멸망은 우연히 일어난 사건이 아니라, 바로 이 세상의 절대 주권자이신 창조주 하나님의 심판 행위에서 비롯되는 것임을 말한다.

4) 야웨의 특성(나 1:6-8)

> "6누가 능히 그의 분노 앞에 서며
> 누가 능히 그의 진노를 감당하랴
> 그의 진노가 불처럼 쏟아지니
> 그로 말미암아 바위들이 깨지는도다
> 7여호와는 선하시며 환난 날에 산성이시라
> 그는 자기에게 피하는 자들을 아시느니라
> 8그가 범람하는 물로 그 곳을 진멸하시고
> 자기 대적들을 흑암으로 쫓아내시리라"(나 1:6-8).

6절은 심판하시는 하나님 앞에서는 아무리 단단한 반석이라도 결코 안전지대가 되지 못함을 말하고 있다. "분노하신 하나님 앞에 감히 누가 설 수 있겠는가?" 또한 7-8절에서도 하나님의 속성이 2-3a절과 비슷하게 진술된다. 3절의 "여호와는 노하기를 더디 하시며"라는 부분을 좀 더 확대하여 7절에서는 보다 자세하게 설명하고 있다.

7절은 히브리어 순서로 보면 "선하신 분은 하나님이시다"로 되어 있다. 이는 "선하심"을 맨 먼저 언급함으로써 그것을 강조하고 있음을 알 수 있다. 칼뱅은 "진정, 선하심이야말로 하나님의 고유성을 가장 정확히 설명하는 것입니다"라고 말했다. 우리가 쓰는 용어 "God"은 "good"의 축약형으로서, 모든 선한 것이 그분으로부터 흘러나온 것임을 인정하는 말이다.[15] 예수께서도 십자가로 가는 길목에서 "하나님 한 분 외에는 선한 이가 없느니라"(눅 18:19)라고 단언하셨다.

나훔은 하나님의 선하심에 대한 두 가지 예를 제시한다. "그분은 환난 날에 산성이시다." 그리고 "자기에게 의뢰하는 자들을 아신다." 하나님은 못된 군대들과 사나운 전쟁 가운데서도 평화의 터전과 조용한 쉼터를 제공하신다. 하나님은 자신의 삶과 생계와 삶의 방향을 그분께 의지하는 자들을 잘 알고 계신다. "하나님이 알고 계시다"는 말은 자기 아들에 대해 각별한 애정을 품고 있는 아버지, 또는 자기 아내를 지극히 사랑하는 남편 사이에서 형성되는 앎처럼, "친밀한 돌봄"이고 "애정 어린 관심"이며 "사랑의 교제"를 가리킨다.[16]

그런데 8절은 "그러나"로 시작한다. 이 단어는 3b절에서도 사용된다. 하지만 아쉽게도 우리말 성경에서는 번역하지 않았다.

"여호와는 노하기를 더디 하시며 권능이 크시며,
[그러나] 벌 받을 자를 결코 내버려두지 아니하시느니라"(3a절).

"[그러나] 그가 범람하는 물로 그 곳을 진멸하시고
자기 대적들을 흑암으로 쫓아내시리라"(8절).

---

15) 엘리자베스 악트마이어, 『나훔-말라기』, 현대성서주석(서울: 한국장로교출판사, 2002), 36.
16) 엘리자베스 악트마이어, 『나훔-말라기』, 현대성서주석(서울: 한국장로교출판사, 2002), 37.

하나님은 노하기를 더디 하시고 선하신 분이지만 또한 죄인을 결코 내버려두지 않으시는 분이다. 사실 엄밀히 따지고 보면 죄인을 심판하시는 것 역시 하나님의 선하심의 한 부분이다. 왜냐하면 하나님은 세상에서 악이 승리하는 것을 결코 허락하지 않으시기 때문이다. 그 대신 하나님은 그 악을 어둠 속으로 몰아내실 것이다. 이 악이 생명 없는 혼돈과 공허와 무(無)의 영역 안으로 사라질 때까지, 다시 말해서 악이 철저히 종결되고 그분의 선하심만이 지상에 남을 때까지 우리 하나님은 그렇게 하실 것이다.

3. 메시지

나훔서에는 회개와 용서, 소망의 메시지는 거의 없고 대부분 심판의 메시지만 일방적으로 선언하고 있다. 이때문에 나훔서는 "증오의 찬송"(hymn of hate)으로 취급되기도 한다.[17] 적군에 대한 이스라엘의 승리가 원수들에게 원한을 갚는 민족적 관점에서 표현하는 것처럼 보이기 때문에, 어떤 이들은 나훔서를 경멸하거나 거짓 예언자의 작품으로 간주하면서 이 책이 윤리적으로나 신학적으로 문제가 많다고 평가하기도 한다. 하지만 그렇지 않다. 특별히 나훔 1:2-8에서는 하나님의 성품에 대한 성경적 증언 가운데 거의 완벽에 가까운 표현을 볼 수 있다.

또한 니느웨에게 희생되었던 사람들이 니느웨가 멸망했을 때 환호

---

17) 송병현, 『요나, 미가, 나훔, 하박국, 스바냐, 학개, 스가랴, 말라기』, 엑스포지멘터리(서울: 국제제자훈련원, 2011), 266.

했던 것은, 우리가 600만 명의 유대인을 잔인하게 학살한 독일의 아돌프 히틀러(Adolph Hitler)나 "아프리카의 학살자"로 불리는 우간다의 이디 아민(Idi Amin) 같은 독재자들이 징벌을 당할 때의 심정을 기억하면 쉽게 이해될 것이다.

"18 앗수르 왕이여 네 목자가 자고 네 귀족은 누워 쉬며
네 백성은 산들에 흩어지나 그들을 모을 사람이 없도다
19 네 상처는 고칠 수 없고 네 부상은 중하도다
네 소식을 듣는 자가 다 너를 보고 손뼉을 치나니
이는 그들이 항상 네게 행패를 당하였음이 아니더냐 하시니라"(나 3:18-19).

"나훔에게 니느웨는 평범한 도시가 아니다. 그리고 아시리아도 단지 타락한 또 다른 문명국가가 아니다. 니느웨와 아시리아는 하나님의 목적과 백성을 좌절시키고 억압한, 궁극적으로는 초자연적인 악을 상징한다. 그들의 패배는 하나님의 승리를 상징하는 것이며, 이런 하나님의 능력과 공의는 궁극적으로 모든 악을 정복할 것이라는 소망에 대한 근거다."[18]

그런데 우리 하나님은 인간의 죄에 대해 인내심을 갖고 오래 참으시는 분이시다. 종교개혁자 루터는 "주께서 지금 당장 복수해주시기를 원하는 것이 우리의 약점이다"라고 말한 적이 있다.

---

18) J. D. W. Watts, *The Books of Joel, Obadiah, Jonah, Nahum, Habakkuk, and Zephaniah*, Cambridge New English Bible (London: Cambridge University Press, 1975), 120.

그러나 우리 하나님은 노하기를 매우 더디 하시는 분이시다. 이는 하나님의 우유부단함을 드러내는 것이 아니다. 오히려 하나님의 광대하심을 보여준다. 위협적인 소리가 들릴 때마다 겁 많은 강아지는 시끄럽게 짖어댄다. 하지만 사자는 참고 기다리며 심지어 조는 것처럼 보이기도 한다. 마찬가지로 하나님은 즉각적으로 진노하지 않으신다. 또한 즉각적으로 심판하지도 않으신다. 그것이 정당한 심판이라 하더라도 매우 더디게 결행하신다. 하나님은 항상 자신의 피조물들이 하나님께 돌아올 시간을 충분히 주신다.[19]

이러한 하나님의 더디 하심 혹은 주저하심은 하나님이 능력이 부족하기 때문에 망설이고 주춤거리는 현상이 아니다. 나훔은 말한다.

"야웨는 노하기를 더디 하시며 권능이 크시다"(나 1:3).

하나님의 더디 하심은 알고 보면 그분의 크신 권능에서 비롯된 것이다. 야웨 하나님이 대제국 아시리아의 군대나 그들의 신들보다 약하기 때문에 아시리아의 악행을 묵과해온 것이 아니다. 하나님은 이 세상의 창조주로서 모든 혼돈의 세력을 언제든지 심판하실 수 있는 분이시다. 하지만 하나님은 당신의 크신 권능을 오랫동안 참아내는 일에 사용하신다. 하나님의 선하심과 참으심과 관대하심과 노하기를 더디 하심은, 역설적으로 그분의 권능이 얼마나 큰지를 분명하게 보여준다. 하나님께서 최고의 권능자이시기에 또한 최고의 인내자가 되시는 것이다.

---

19) 엘리자베스 악트마이어, 『나훔-말라기』, 현대성서주석(서울: 한국장로교출판사, 2002), 40.

그러나 하나님을 끝까지 참으시는 분으로만 간주하는 것은 자신을 속이는 것이다. 하나님은 진노하실 수 있는 분이시기도 하다. 하나님은 인간의 잘못을 결코 그냥 지나치지 않으신다.

"벌 받을 자를 결코 내버려두지 아니하시느니라"(나 1:3).

하나님은 노하기를 더디 하신다. 그리고 우리가 멸망당하는 것을 원치 않으신다. 그러나 때가 되면 반드시 죗값을 물으시고 심판하시는 분이시다. 그 심판은 이 땅의 어떤 권세라도 감당할 수 없다.

"누가 능히 그의 분노 앞에 서며
누가 능히 그의 진노를 감당하랴!"(나 1:6)

하나님께서 당신의 권능을 우리에게 사랑으로 수행하실지 아니면 진노 가운데 집행하실지는 우리의 결정에 달려 있다.

"여호와는 선하시며 환난 날에 산성이시라
그는 자기에게 피하는 자들을 아시느니라"(나 1:7).

그분을 의지하고 순종하는 자에게 하나님의 분노는 자비로 바뀐다. 그러나 하나님을 떠나 우리가 우리 자신의 신이 되어, 하나님 없이 자신의 고집스러운 방식으로만 살아간다면 결국 하나님은 진노의 버튼을 누르실 수밖에 없다.

8장
하박국,
"믿음은 곧 기다림이다"

"더딜지라도 기다리라"

(합 2:1-4)

하박국서는 "유다 아무개 왕과 이스라엘 아무개 왕 때 아무개 예언자에게 임한 말씀이니라"라는 일반적인 문구로 시작하지 않는다. 대신 "선지자 하박국이 묵시로 받은 경고라"(합 1:1)라는 말씀으로 시작한다. 하박국서에는 예언자 자신과 그의 시대에 관한 언급이 전혀 없다. 따라서 우리는 하박국서의 본문을 통해서 이 예언자가 활동한 시대를 추정하는 수밖에 없다.

하박국 1:6을 보면 갈대아 사람들이 언급된다. "보라 내가 사납고 성급한 백성 곧 땅이 넓은 곳으로 다니며 자기의 소유가 아닌 거처들을 점령하는 갈대아 사람을 일으켰나니." 여기 갈대아 사람은 바빌로니아 사람을 가리킨다. 이러한 언급은 신바빌로니아가 아시리아 제국을 와해시키고(주전 612년), 고대 근동의 패권을 틀어쥔 주전 600년대 초의 상황을 가리키는 것으로 보인다.

또한 하박국 3:13에 여전히 "왕"("기름 부음을 받은 자")이 그 기능을 담당하고 있는 것으로 보아 주전 598년의 첫 번째 예루살렘 함락 사건이 아직은 반영되어 있지 않음을 알 수 있다. 그렇다면 하박국은 유다 왕 여호야김 통치기(주전 608-598년)에 활동한 예레미야(주전 627-585년)와 동시대 사람이었을 것이다. 아마도 하박국은 주전 600년경, 즉

나훔(주전 650년) 이후에 활동한 것으로 보인다.[1]

하박국서의 핵심 구절은 "의인은 그의 믿음으로 말미암아 살리라" (합 2:4)이다. 이 구절은 하박국서 전체의 내용을 요약해주고 있다. 사실 이 말씀은 구약성경 전체를 집약한다고 해도 과언이 아니다. 탈무드의 한 구절도 이 점을 강조하고 있다. "모세는 이스라엘에게 613개의 계명을 주었다. 다윗은 그것을 11개(시 15편)로 줄였고, 미가는 3개(미 6:8)로, 이사야는 2개(사 56:1)로 줄였다. 그러나 하박국은 단 하나로 요약하였다. 의인은 믿음으로 살 것이다."[2]

이 구절에 따르면 하나님의 결정적인 행위는 고통스러울 정도로 더디지만, 의로운 자들은 그의 뜻이 확실할 때나 의심스러울 때나 언제든지 신실하게 그분의 뜻을 기다려야 한다는 것이다. 의인에게는 "기다림의 믿음(신실함)"이 요구된다.

1. 하박국 2:1-4의 배경과 구조

주전 612년에 아시리아의 수도 니느웨가 바빌로니아 사람과 메대 사람들에게 파괴되면서 결국 아시리아 왕국은 역사의 뒤안길로 사라진다. 한편 지금까지는 아시리아가 근동 지역의 주인이었으나 그 주인이 몰락하자, 시리아-팔레스타인 지역은 무주공산(無主空山)이 되어버렸다. 이 기회를 틈타서 이집트 사람들은 시리아-팔레스타인 지역을 다시금

---

1) 베르너 H. 슈미트, 『구약성서 입문』, 차준희/채홍식 역(서울: 대한기독교서회, 2007), 315.
2) 김기현, 『하박국, 고통을 노래하다』(서울: 복있는사람, 2008), 167-168에서 재인용.

자신들의 통제 아래 두려고 하였다.

고대 근동의 영원한 맹주였던 이집트와 신흥 제국인 신바빌로니아가 주인이 사라진 시리아-팔레스타인 지역을 두고 한판 대결을 벌이게되었다. 이 전쟁은 주전 605년 유프라테스 강 유역의 한 지역인 갈그미스에서 발생했다고 하여 일명 "갈그미스 전쟁"이라고 한다. 이 전쟁에서 이집트는 신흥 강국 바빌로니아의 황태자 느부갓네살에게 패하고본국으로 되돌아간다.

아마 갈그미스 전쟁이 발발했던 주전 605년과 유다 사람들이 처음으로 바빌로니아로 사로잡혀 갔던 해인 주전 597년 사이에 하박국이활동한 듯하다(합 3:13). 따라서 하박국이 등장했던 주전 600년경은 고대 중동에서 맹위를 떨쳤던 아시리아가 역사에서 사라지고, 새로운 맹주국으로 바빌로니아가 등장하는 시기였다.

하박국서는 하나님이 세상(유다)의 불의를 벌하지 않으시고 방관하시는 것에 대한 예언자 하박국의 탄원으로 시작한다(합 1:2-4). 하나님은 하박국에게 갈대아 사람들(바빌로니아 사람)을 통해서 유다의 불의를 심판하실 것이라고 미리 알려주신다(합 1:5-11). 이에 대하여 하박국의 두 번째 탄원이 이어진다(합 1:12-17). 하박국은 "악인(바빌로니아 사람)이 의인(유다 사람)을 치는 것"이 과연 정당한지를 따져 묻는다. 바로이 부분에서 이 책의 핵심 메시지를 담고 있는 하나님의 응답이 주어진다(합 2:1-4).

하박국 2:1-4은 다음과 같이 구성되어 있다.

1절: 하박국의 통보

2-3절: 하나님의 명령

　　2절: 하나님의 기록 명령

　　3절: 위로와 권고

4절: 하나님의 격려

2. 하박국 2:1-4의 본문 풀이

1) 하박국의 통보(합 2:1)

하박국 1:1-2:4은 예언자 하박국의 탄원과 하나님의 응답으로, 하박국 1:2-4은 하박국의 첫 번째 탄원이다.

"2여호와여 내가 부르짖어도 주께서 듣지 아니하시니

어느 때까지리이까

내가 강포로 말미암아 외쳐도

주께서 구원하지 아니하시나이다

3어찌하여 내게 죄악을 보게 하시며

패역을 눈으로 보게 하시나이까

겁탈과 강포가 내 앞에 있고

변론과 분쟁이 일어났나이다

4이러므로 율법이 해이하고

정의가 전혀 시행되지 못하오니

이는 악인이 의인을 에워쌌으므로

정의가 굽게 행하여짐이니이다"(합 1:2-4).

하박국은 유다 나라 내부에서 일어나는 불법과 폭력에 대하여 탄원하고 있다. 이러한 하박국의 탄원에 하나님이 응답하신 내용이 하박국 1:5-11에 기록되어 있다. 그 내용의 요지는 하나님이 바빌로니아를 일으켜서 당신의 백성 유다를 심판하시겠다는 것이다.

> "5여호와께서 이르시되
> 너희는 여러 나라를 보고
> 또 보고 놀라고 또 놀랄지어다
> 너희의 생전에 내가 한 가지 일을 행할 것이라
> 누가 너희에게 말할지라도 너희가 믿지 아니하리라
> 6보라 내가 사납고 성급한 백성
> 곧 땅이 넓은 곳으로 다니며
> 자기의 소유가 아닌 거처들을 점령하는
> 갈대아 사람을 일으켰나니"(합 1:5-6).

하박국은 유다 나라의 불법과 폭력에 바빌로니아를 심판의 도구로 사용하시겠다는 하나님의 계획에 더 큰 불만을 드러낸다. 하박국의 궁금증은 해소되기는커녕 오히려 더 큰 의문에 휩싸였다. 하박국은 다시 즉각적으로 반응한다. 하박국 1:12-17은 하박국의 두 번째 탄원이다.

> "주께서는 눈이 정결하시므로
> 악을 차마 보지 못하시며
> 패역을 차마 보지 못하시거늘

어찌하여 거짓된 자들을 방관하시며

악인이 자기보다 의로운 사람을 삼키는데도 잠잠하시나이까"

(합 1:13).

여기서 "거짓된 자"와 "악인"은 바빌로니아를 가리킨다. "의로운 사람"은 유다 사람을 말한다. 지금 하박국은 "유다 백성들도 나쁘지만 바빌로니아는 더 나쁜 사람이 아닙니까. 어찌하여 악인이 자기보다 더 의로운 사람을 심판하도록 할 수 있습니까?"라고 말하고 있다. 이어서 그는 바빌로니아의 만행을 낱낱이 고발한다.

"14 주께서 어찌하여 사람을 바다의 고기 같게 하시며

다스리는 자 없는 벌레 같게 하시나이까

15 그가 낚시로 모두 낚으며 그물로 잡으며 투망으로 모으고

그리고는 기뻐하고 즐거워하여

16 그물에 제사하며 투망 앞에 분향하오니

이는 그것을 힘입어 소득이 풍부하고

먹을 것이 풍성하게 됨이니이다"(합 1:14-16).

바빌로니아 사람들은 모든 민족을 마치 고기 떼나 곤충 떼처럼 그물에 잡아넣었으며, 그들의 군사력을 신(神)으로 여겨("그들은 자기들의 힘을 자기들의 신으로 삼는 자들이라") 제사를 지내고 분향을 올렸다. 하박국은 절망적인 심정으로 이렇게 질문한다.

"그가 그물을 떨고는

계속하여 여러 나라를 무자비하게 멸망시키는 것이 옳으니이까"(합 1:17).

하박국 2:1-4은 크게 보면 하박국의 탄원에 대한 하나님의 두 번째 응답이다. 먼저 하박국 2:1은 하박국의 통고로서 이는 예언자의 단호한 의지를 표현한다.

"내가 내 파수하는 곳에 서며 성루에 서리라

그가 내게 무엇이라 말씀하실는지 기다리고 바라보며

나의 질문에 대하여 어떻게 대답하실는지 보리라 하였더니"(합 2:1).

하박국은 파수하는 곳에 서 있다. 지금 그는 좋은 소식을 목이 빠지게 기다리는 파수꾼처럼 행동하고 있다. 본래 파수꾼은 성 앞에 적국이나 지원군이 나타나면 이를 곧바로 성 안의 지휘부에 알릴 임무를 맡은 사람이다. 하박국은 여기서 자신을 파수꾼으로 묘사하면서 야웨 하나님이 위기에 처한 유다를 도우려고 나타나실 것을 기대하고 있는 것처럼 보인다. 이는 하박국이 갖고 있는 "불굴의 믿음"과 "불굴의 기다림"을 보여준다.

여기 "나의 질문에 대하여 어떻게 대답하실는지 보리라"라는 표현에서 질문이란 단어는 "항의, 비난, 논쟁"이라는 뜻이다. 이 어휘는 상대방에게 잘못을 따지며 대드는 것을 의미한다.[3] 이는 하박국이 1장에서

---

3) 박동현, 『더딜지라도 기다리라!: 다시 읽는 하박국』, 구약사상문고(서울: 대한기독교서회,

야웨께 불만을 토로한 내용을 가리킨다. 즉 바빌로니아가 무자비하게 유다를 괴롭히는 것을 야웨께서 가만히 두고만 보시겠느냐고 아룀으로써, "하나님이 어찌 불의한 자를 통해서 하나님의 선택된 백성을 치실 수 있습니까"라는 비난조의 항의 혹은 논쟁을 말한다.

한편 파수하는 곳과 성루는 성벽 위에 세워진 망대나 요새를 가리킨다. 파수하는 곳과 성루는 멀리 내다볼 수 있는 높은 자리로서 전략적 위치다. 이곳은 사방으로 열려 있다. 거기서 하박국은 하나님의 응답을 들으려는 것이 아니라 보려고 한다! 하박국 1:1의 "하박국 예언자가 본(חזה '하자') 말씀"이라는 구절에도 이 점이 담겨 있다. 하박국은 하나님의 뜻을 눈으로 보려고, 하나님을 향한 불굴의 의지를 가지고 그분의 나타나심을 기다리고 있다.

하박국 2:1은 하나님의 역사와 인간의 노력이 어떤 관계를 유지해야 하는가를 잘 보여준다. 하박국은 하나님의 말씀을 들을 만한 망대로 올라가서 그분을 기다리고 있다. 그가 망대에서 조용히 하나님을 기다리는 것은 하나님께서 응답하실 것을 확실히 믿기 때문이다. 하나님은 믿음을 가지고 당신을 기다리는 예언자를 실망시키지 않으셨다. 인간의 최선의 노력과 확신에 찬 신앙이 하나님으로 하여금 움직이시도록(응답하시도록) 감동을 주었던 것이다. 구약에서 인간의 책임과 하나님의 섭리는 이러한 관계를 유지한다.[4]

2011), 83.

4) 송병현, 『요나, 미가, 나훔, 하박국, 스바냐, 학개, 스가랴, 말라기』, 엑스포지멘터리(서울: 국제제자훈련원, 2011), 388.

2) 하나님의 명령(합 2:2-3)

하박국은 마침내 하나님의 답변을 받았다. 그저 하나님의 대답만을 기다렸을 뿐인데 하나님은 예언자에게 그 이상의 일을 보여주시고 명령하셨다.

> "2여호와께서 내게 대답하여 이르시되
> 너는 이 묵시를 기록하여 판에 명백히 새기되
> 달려가면서도 읽을 수 있게 하라
> 3이 묵시는 정한 때가 있나니 그 종말이 속히 이르겠고
> 결코 거짓되지 아니하리라
> 비록 더딜지라도 기다리라 지체되지 않고 반드시 응하리라"
> (합 2:2-3).

하나님은 예언자 하박국에게 보여준 것을 기록하라고 하신다. 하나님으로부터 받은 말씀을 기록하는 것은 말씀이 선포되는 현장에서 직접 듣지 못했거나 들을 수 없었던 사람들을 위한 조치다. 기록된 말씀은 말씀의 전달 범위를 공간적·시간적으로 넓혀주며, 말씀의 영향력도 더욱 확대된다.

하나님은 이 말씀을 "달려가면서도 읽을 수 있게 하라"고 명령하신다. 이는 "누구나 어려움 없이 그것을 읽을 수 있도록 하라"는 말씀이다. 하나님은 하박국이 하나님께 항의하여 받은 답변을 하박국뿐만 아니라, 그와 같은 문제로 고민하고 갈등하는 모든 사람이 알아들을 수 있는 말씀이 되도록 기록하라고 하신다. 이로써 예언자가 하나님으로

부터 받은 말씀은 모든 사람에게 공개되는 말씀, 곧 "열린 말씀"이 된다. 이제 모든 사람이 하박국이 본 것을 읽을 수 있다.

하박국이 할 일은 하나님께 받은 말씀을 백성 앞에서 외치는 것이 아니고, 누구나 그것을 똑똑히 읽을 수 있게끔 판에 쓰는 것이다. 그런 면에서 그의 역할은 "선포 사역"이 아니라 "문서 사역"이다. 아마도 이 판은 사람들이 가장 많이 모이는 성전 구내에 붙여놓고 모든 사람이 볼 수 있게 해야 했을 것이다. 하박국은 하나님이 말씀하시는 바를 백성에게 "글로", 그것도 지속적으로 전해서 그 말씀이 늘 백성의 눈앞에 있게 해야 한다.

그런데 여기서 "이 묵시는 정한 때가 있다"고 한다. 구약성경에서 "정한 때"라는 개념은 "여자의 임신 기간의 마지막 때"를 지시할 때 사용된다.[5] 창세기 18:14에서 하나님은 아브라함에게 "정한 때"가 이르면 아들을 낳을 것이라고 약속하신다. "여호와께 능하지 못한 일이 있겠느냐 기한이 이를 때에 내가 네게로 돌아오리니 사라에게 아들이 있으리라." 따라서 이 단어는 비록 하나님의 계시가 지시하고 약속한 시간이 너무 길고 때로는 전혀 오지 않을 것처럼 지루하게 느껴질지라도 때가 되면 당연히 아이를 낳는 것처럼, 여기서의 "정한 때"도 반드시 올 것이라는 확신을 표현한다.

여기서 "종말"(קֵץ '케츠')은 묵시문학적 개념도 아니고 종말론적 개념도 아니다. 이 단어가 종말론적인 의미로 쓰이는 것은 더 후대에 가

<hr />

5) 노세영, 『나훔/하박국/스바냐』, 대한기독교서회 창립 100주년 기념(서울: 대한기독교서회, 1998), 229.

서야 나타나고, 구약에서는 소수의 본문에만 나타난다. 여기서의 종말은 아주 근접한 미래에 일어날 사건을 말한다.[6] 따라서 "정한 때"와 "종말"이라는 표현은 적대 세력(바빌로니아)으로 인한 곤경이 머지않은 장래에 종식될 것임을 말한다.

여기서 또 한 가지 짚고 넘어가야 할 점은 "정한 때"나 "종말"은 하나님이 정하신 시간이라는 점이다. 따라서 하나님이 정하신 때는 어느 누구도 바꿀 수 없는 불변의 것이다. 그때는 인간의 소관이 아니다. 그때는 하나님의 절대 주권 아래 있다. 바로 여기서 인간의 믿음이 요구된다. "비록 더딜지라도 기다리라, 지체되지 않고 반드시 응하리라." 하나님은 하박국에게 하나님의 말씀이 이루어질 때까지 조급해하지 말고 끝까지 하나님을 의지하고 신뢰하며 기다리라고 하신다.

3) 하나님의 격려(합 2:4)

드디어 하나님은 당신의 본심을 드러내신다. 4절의 "그"는 바빌로니아를 가리킨다.[7] 하나님도 바빌로니아의 마음이 교만하고 정직하지 못한 것을 당연히 알고 계신다.

"보라 그의 마음은 교만하며 그 속에서 정직하지 못하나
의인은 그의 믿음으로 말미암아 살리라"(합 2:4).

---

6) L. Perlitt, *Die Propheten Nahum, Habakuk, Zephanja*, Das Alte Testament Deutsch (Göttingen: Vandenhoeck & Ruprecht, 2004), 64.

7) 랄프 스미드, 『미가-말라기』, WBC성경주석, 채천석/채훈 역(서울: 솔로몬, 2001), 158.

이 구절에서 하나님의 관심은 심판의 도구인 바빌로니아가 아니라 한때 심판의 대상이었던 당신의 백성 유다다. 이 구절의 핵심은 "의인은 자신의 믿음으로 살아남으리라"라는 말씀이다. 여기서 말하는 "믿음"은 히브리어로 "에무나"(אֱמוּנָה)다. 이 단어는 단순히 "믿음"(faith)이라기보다는 "인내, 성실, 진실, 신실" 등을 포괄하는 광범위한 의미가 있다. 아마도 이 단어는 "신실함/성실함"(faithfulness)이란 뜻이 가장 적합할 듯싶다.[8] 여기서 "에무나"는 사람이 아니라 하나님에 대한 신뢰관계를 가리킨다. 이런 의미에서 "에무나"는 "신앙적 신실함"(Glaubenstreue)이라고도 할 수 있다.[9]

하박국은 "의인은 그의 믿음으로 살리라"라고 한다. 구약성경에서 의롭다는 것은 "어떤 관계의 요구를 이루는 것"을 의미한다. 여기서는 하나님과의 관계이기 때문에, 하박국은 하나님과의 관계가 신실함으로 얻어진다고 확언하고 있다.[10] 따라서 이 구절은 "그러나 의인은 자기의 신실함(진실함)으로써 생명을 보존하리라"로 번역할 수 있다. 의인은 하나님과 맺은 언약을 지키고, 그 언약의 가르침과 약속을 굳게 붙잡는 사람이며, 흔들리지 않는 굳센 마음으로 하나님과 맺은 언약에서 벗어나지 않는 사람이다. 이런 사람(의인)들은 어떠한 시험과 심판의 때에도 살아남을 것이다.

---

8) 박동현, 『더딜지라도 기다리라!: 다시 읽는 하박국』, 구약사상문고(서울: 대한기독교서회, 2011), 81.

9) L. Perlitt, *Die Propheten Nahum, Habakuk, Zephanja*, Das Alte Testament Deutsch (Göttingen: Vandenhoeck & Ruprecht, 2004), 66.

10) 엘리자베스 악트마이어, 『나훔-말라기』, 현대성서주석(서울: 한국장로교출판사, 2002), 85.

이와 관련하여 신약성경의 히브리서 기자는 다음과 같이 말하고 있다.

"36 너희에게 인내가 필요함은

너희가 하나님의 뜻을 행한 후에 약속하신 것을 받기 위함이라

37 잠시 잠깐 후면 오실 이가 오시리니 지체하지 아니하시리라

38 나의 의인은 믿음으로 말미암아 살리라

또한 뒤로 물러가면

내 마음이 그를 기뻐하지 아니하리라 하셨느니라

39 우리는 뒤로 물러가 멸망할 자가 아니요

오직 영혼을 구원함에 이르는 믿음을 가진 자니라"(히 10:36-39).

히브리서 기자는 신자들에게 뒤로 물러서지 말라고 한다. 신자에게는 어떤 상황에서든지 주님을 바라고 신뢰하며 인내할 줄 아는 신실함이 필요하다는 얘기다. 그런 점에서 히브리서 기자는 하박국이 의도했던 바를 정확하게 읽어내고 있는 것 같다.

그렇다면 "의인은 그의 믿음으로 말미암아 산다"는 말은 더 구체적으로 무엇을 의미할까? 여기서 "믿음"의 내용은 정확히 표현하면 "불의한 바빌로니아에 대한 심판"을 뜻한다. 바빌로니아에 대한 심판은 하나님이 정하신 때에 반드시 올 것이니, 비록 그것이 더디 오는 것처럼 보일지라도 절대 포기하지 말고 믿음을 지키라는 것이다. 하나님은 당신의 백성을 벌하실 때 필요한 경우에는 이방 권력을 사용하기도 하신다. 그러나 하나님의 심판 도구로 사용된 세속적인 권력은 반드시 종말이

있다. 곧 하나님의 백성이 대적의 억압으로부터 벗어날 때가 이미 하나님의 계획 가운데 정해져 있다는 것이다. 그 권력이 오만하면 할수록 하나님이 꺾으실 날이 가까이 오는 법이다. 신자는 그때까지 인내하며 기다려야 한다.[11]

이는 설사 자신의 신앙을 혼란스럽게 만드는 불의와 무질서를 경험하게 되더라도, 하나님의 사람은 끝까지 인내하면서 일편단심으로 야웨 하나님께 성실하고 충성스러워야 한다는 의미다. 하박국이 품었던 모든 종교적 의문은 이 한 구절로 극적으로 풀렸다.[12] 그리고 하박국 2장에 이어 3장에서 놀라운 찬양으로 자연스럽게 연결된다.

"17 비록 무화과나무가 무성하지 못하며

포도나무에 열매가 없으며

감람나무에 소출이 없으며

밭에 먹을 것이 없으며

우리에 양이 없으며

외양간에 소가 없을지라도

18 나는 여호와로 말미암아 즐거워하며

나의 구원의 하나님으로 말미암아 기뻐하리로다"(합 3:17-18).

---

11) 차준희, 『예언서 바로 읽기: 차준희 교수의 평신도를 위한 구약특강』(서울: 성서유니온선교회, 2013), 246-247.
12) 박상익, 『어느 무교회주의자의 구약성서 읽기』(서울: 부키, 2000), 168.

3. 메시지

하박국은 첫 번째 탄원을 통해서 불의한 유다 사회의 현실을 야웨께 호소하였다. 이어서 두 번째 탄원을 통해서는 불의한 국제사회의 현실을 따지듯이 호소하였다. 그러나 이에 대한 하나님의 대답은 기다리라였다. 하나님이 보여주신 묵시가 이루어지려면 아직 시간이 남아 있기 때문에 그때까지 신실하게 기다리라는 것이다.

> "선한 하나님을 믿는다는 것이 불합리하게 보일 때,
> 하나님의 정의와 자비가 모든 이들에게 명백한 것처럼 보이지 않을 때,
> 의로운 자가 그 선함에 정당한 보상을 받지 못하고 있을 때,
> 바로 그때 그들이 계속 신실하게 남아 있음으로 해서
> 자신들의 의로움을 나타내 보이는 것이다."[13]

세상을 위해 하나님이 계획한 나라는 반드시 오며 그때는 결코 지체되지 않을 것이다. 바로 이것이 약속과 성취의 가운데인 "중간 시기"(interim period)를 살아가는 중에, 악으로 인해 지쳐 어찌할 바를 몰라 "주님, 어느 때까지입니까?"라고 외치는 이들에게 하박국이 확고히 전하는 말씀이다.[14]

우리는 하박국 2:4에서 참다운 신앙인이 되기 위해 피할 것과 취할

---

13) D. E. 고원, 『의인의 고난: 하박국서 연구』, 임태수 역 (서울: 대한기독교출판사, 1979), 60.
14) 엘리자베스 악트마이어, 『나훔-말라기』, 현대성서주석 (서울: 한국장로교출판사, 2002), 82.

것을 한 가지씩 배운다.

첫째, 참 신앙인이 피할 것은 "교만"이다. "보라 그의 마음은 교만하며 그 속에서 정직하지 못하나"(합 2:4a). 여기서 "교만"은 "부풀리다 혹은 자랑하다"라는 뜻이다.[15] 참 신앙인은 부풀리지도 자랑하지도 않는다. 즉 참된 신앙인은 자신의 생명을 안전하게 유지하기 위해 자기 자신이나 인간의 자산에 결코 의지하지 않는다. 이런 삶은 바빌로니아의 삶의 방식이다. 그들은 자신의 힘을 자기 신(神)으로 삼는다.

"그들은 자기들의 힘을 자기들의 신으로 삼는 자들이라

이에 바람 같이 급히 몰아 지나치게 행하여 범죄하리라"(합 1:11).

그들은 무자비한 약탈로 취득한 것들을 갖고 풍족한 삶을 보장받으려고 한다. 남을 짓밟고 그들에게 돌아갈 몫을, 때로는 무력으로 때로는 은근슬쩍 챙기면서 자기 배를 불리는 삶을 자랑스러워하며 사는 것이다.

"16 그물에 제사하며 투망 앞에 분향하오니

이는 그것을 힘입어 소득이 풍부하고

먹을 것이 풍성하게 됨이니이다

17 그가 그물을 떨고는

---

15) 노세영, 『나훔/하박국/스바냐』, 대한기독교서회 창립 100주년 기념(서울: 대한기독교서회, 1998), 233.

계속하여 여러 나라를 무자비하게 멸망시키는 것이 옳으니이까"
(합 1:16-17).

인간이 하나님을 등지고 자신의 학력, 재산, 명예, 권력, 출신성분 같은 세상적인 것에 의지하는 한 그 속에서 참된 삶의 가치를 발견하기란 어렵다. 또한 사람에게 진정한 만족과 안전을 가져다주는 것이 하나님이 아니라 인간의 능력이나 힘에서 비롯된다고 확신하는 한 진정한 삶의 평안을 누릴 수도 없다. 참된 삶은 매 순간 그 삶을 부여해주시는 하나님을 전적으로 의지해야만 경험할 수 있다. 그분만이 모든 생명의 창조주이시고 수여자이시며 이를 유지하게 하시는 분이시기 때문이다.[16]

둘째, 참 신앙인이 취할 것은 하나님의 때를 인내하며 기다릴 줄 아는 "기다림의 믿음"이다. "기다림의 믿음"은 어떤 내외적 환경에서도, 자신에게 온갖 죄와 허물이 있음에도, 심리적·사회적·경제적·신체적 왜곡 속에서도, 우리의 전(全) 삶을 하나님의 손에 맡기고 그분을 온전히 의지하는 것을 말한다.[17]

이것이 진정한 믿음이다. 비록 삶의 여러 가지 고통스러운 상황 속에서 하나님이 즉각 응답해주시지 않는 것에 의문이 가득 쌓여간다 할지라도, 응답의 시점 문제는 주님의 손에 맡겨야 한다는 사실을 받아들이는 것이 믿음이다. 믿음이란 인간의 머리로 다 알 수는 없지만, 그럼

---

16) 엘리자베스 악트마이어, 『나훔-말라기』, 현대성서주석(서울: 한국장로교출판사, 2002), 83-84.

17) 엘리자베스 악트마이어, 『나훔-말라기』, 현대성서주석(서울: 한국장로교출판사, 2002), 85.

에도 그분의 선하신 의지에 의탁하는 것이다. 한마디로 믿음은 하나님의 때를 기다리는 것이다.[18] 믿음은 곧 기다림이다.

솔직히 우리는 우리가 당하는 고난이 언제 다 지나갈지, 언제 다 끝날지, 그 때와 시기에 대한 관심이 너무 많다. 비단 우리만이 아니라 사도행전의 제자들도 그랬다. "주님, 주께서 이스라엘을 위하여 나라를 되찾아주실 때가 바로 지금입니까?"(행 1:6) 여기서 우리는 하나님 나라에 대한 제자들의 잘못된 이해뿐 아니라 "조급함"을 볼 수 있다. 하지만 예수님은 그들이 희구하고 있는 하나님 나라에 대한 오해를 교정해주시면서 다음과 같이 말씀하신다.

"때와 시기는 아버지께서 아버지의 권한으로 정하신 것이니, 너희가 알 바가 아니다"(행 1:7).

이렇듯 하나님의 구원은 오로지 하나님이 정한 때가 되어야 이루어지는 것이니 사람이 보챈다고 해서 빨리 될 일이 아니다. 이것은 우리의 소관이 아니다. 우리는 다만 하박국처럼 기다림을 배울 필요가 있다. 하나님의 시간은 인간의 시간과 같지 않다. 하늘의 시계와 땅의 시계가 어찌 같을 수 있겠는가.

하박국도 하나님의 응답이 즉시 이루어지기를 원했다. 이 점에 있어서는 예언자 하박국도 우리와 다르지 않은 인간이다. 하박국은 하나님이 바빌로니아를 즉시 징벌하시고 악인과 압제자를 멸망시키시기를

---

18) 김기현, 『하박국, 고통을 노래하다』(서울: 복있는사람, 2008), 173.

바랐다. 그러나 하나님은 모든 일에는 시간이 정해져 있으며, 그 일이 즉시 일어나지는 않을 것이라고 말씀하신다. 하박국도 우리 모두와 마찬가지로 "시간 사이에서"(between the times), 즉 약속과 성취 사이에서 살고 있었다. 하박국은 하나님께서 행동하실 것을 믿고 기다려야 했다. 그는 죄악에 대한 심판이 분명히 올 것을 확신했다. 그 일은 지체되지 않을 것이다(합 2:3). 그러나 이 모든 일이 일어날 때까지 팔짱을 긴 채 숨을 죽이고 수동적으로 기다려서는 안 되었다. 하박국은 그 약속을 믿는 믿음의 삶을 능동적으로 살아내야 했다(합 2:4). 악한 자는 교만으로 의기양양하다가 넘어지지만, 의인은 하나님에 대한 믿음의 신실함으로 말미암아 살 것이다.[19]

우리는 여기서 통찰력 있는 한 신앙인의 고백에 귀를 기울일 필요가 있다.

"한때 저는 기다림은 수동적이라고 생각했습니다. 기다리는 동안 아무것도 이루어지지 않는다고 생각했습니다. 그렇지만 지금은 다릅니다. 기다림을 통해 성장하고 성숙하면서 기다림은 오히려 능동적임을 경험했습니다. 마치 새 생명이 어머니의 태에서 기다리는 동안 성장하는 것처럼, 꽃나무가 기다리는 동안 성장하는 것처럼 우리도 기다리면서 성장하는 것입니다. 하나님은 우리가 기다리는 동안 놀라운 일을 행하십니다. 우리가 일하면 우리가 노력하는 것만을 얻게 됩니다. 그렇지만 우리가 기다리는 동안 하나님이 우리를 대신해서 일하시면 하나님만이 하실 수 있는 놀라운 결

---

19) 랄프 스미드, 『미가-말라기』, WBC성경주석, 채천석/채훈 역(서울: 솔로몬, 2001), 159-160.

과를 만들어내십니다."[20]

하나님은 절대로 늦으시는 법이 없지만, 그렇다고 우리처럼 허둥대며 서두르시지도 않는다.

하나님의 때에,
하나님의 방법으로,
하나님의 사람을 통해,
하나님의 일을 하실 것입니다.

"이 묵시는 정한 때가 있나니 그 종말이 속히 이르겠고
결코 거짓되지 아니하리라
비록 더딜지라도 기다리라
지체되지 않고 반드시 응하리라"(합 2:3).

그런 면에서 "정한 때"는 "하나님이 옳다고 생각하시는 바로 그 시점"이다.[21] 혹 당신은 그래도 여전히 서두르고 여전히 조급한가? 좀 느긋하게 기다릴 수는 없는가? 믿음을 가지고!

20) 강준민, 『기다림은 길을 엽니다』(서울: 토기장이, 2012), 6-7.
21) 조지 마이어, 『하나님, 도대체 언제입니까?』, 최종훈 역(서울: 엔크리스토, 2006), 32.

9장

스바냐,
"등불을 들고 교회 안의 무신론자들을 찾으시는 하나님"

"등불로 두루 찾아 벌하리니"

(습 1:7-13)

구약성경의 예언서 가운데 예언자의 계보를 4대에 걸쳐서 소개하는 책
은 스바냐서가 유일하다. "아몬의 아들 유다 왕 요시야의 시대에 스바
냐에게 임한 여호와의 말씀이라 스바냐는 히스기야의 현손이요 아마
랴의 증손이요 그다랴의 손자요 구시의 아들이었더라"(습 1:1). 이는 예
언자 스바냐의 고조할아버지가 히스기야 왕임을 의도적으로 드러낸
것으로 보인다. 이것이 사실이라면 스바냐("야웨께서 숨기셨다"라는 뜻의
이름)는 왕족이다.

　　스바냐 1:2-6과 3:1-8에 반영된 유다를 향한 스바냐의 강한 비판
은 요시야 왕이 종교개혁을 시작하기 이전 유다 나라의 전반적인 타
락 상황을 적나라하게 보여주고 있다. 요시야는 주전 628년에 개혁을
시작하여 주전 622년 성전 보수공사를 하던 중 율법책이 발견된 이후
로 개혁에 더욱더 박차를 가했다(왕하 22-23장). 따라서 스바냐는 주전
630년경에 활동한 것으로 보이며, 나훔(주전 650년경)과 예레미야(주전
627/6-585년) 사이에 등장했다고 할 수 있다.[1]

　　스바냐서도 요엘서와 같이 "야웨의 날"이 두드러진 역할을 한다. 야
웨의 날은 유다와 예루살렘, 그리고 온 피조물 위에 심판이 임하는 날
이다(습 1:1-18). 스바냐서의 핵심 구절은 "공의와 겸손을 구하라 너희

1) 베르너 H. 슈미트, 『구약성서 입문』, 차준희/채홍식 역(서울: 대한기독교서회, 2007), 318.

9장 • 스바냐, "등불을 들고 교회 안의 무신론자들을 찾으시는 하나님"

가 혹시 여호와의 분노의 날에 숨김을 얻으리라"(습 2:3)이다.[2] 자신을 하나님의 보호에 맡기는 이들은 "혹시"(하나님의 자유) 야웨의 진노의 날에도 유일하게 살아 있는 "남은 자"가 될 수 있을 것이다(습 3:12-13).

1. 스바냐 1:7-13의 배경과 구조

스바냐 1:1은 "아몬의 아들 유다 왕 요시아의 시대에 스바냐에게 임한 여호와의 말씀이라"라고 기록되어 있다. 유다 왕 요시야는 주전 639-609년까지 통치했다. 당시 고대 근동 무대에서는 아시리아의 세력이 약화되어 제국의 영토에 대한 장악력을 상실했고, 신흥 세력인 바빌로니아의 영향력은 아직 팔레스타인 지역까지는 미치지 못했다. 이런 고대 근동의 세력 공백기를 틈타서 유다는 다시 국가적으로 자유를 누리는 기회를 얻을 수 있었다.

젊은 요시야 왕은 이 기회를 놓치지 않고 대대적인 개혁에 착수했다. 주전 628년, 요시야 재위 12년째인 그의 나이 20세 되던 해에 유다 역사상 가장 기억될 만한 종교개혁을 단행한 것이다. 요시야는 전국에 산재해 있는 산당들과 지방 성소들을 정화하고 태양 상(像)을 비롯한 온갖 종류의 우상숭배를 척결하는 일에 집중한다(대하 34:3-7). 이와 더불어 북 이스라엘 지역을 유다의 영토로 합병하려는 영토 확장 정책도 폈다(왕하 23:15-20). 스바냐는 바로 이러한 요시야의 종교개혁 직전에

---

2) 차준희, 『예언서 바로 읽기: 차준희 교수의 평신도를 위한 구약특강』(서울: 성서유니온선교회, 2013), 249-252.

역사 무대에 등장한 것으로 보인다. 스바냐의 선포는 요시야의 종교개혁 운동을 지원하고 그 운동에 박차를 가하는 자극제 역할을 했을 것이다.[3] 스바냐 1:4-6은 당시의 종교적 상황을 잘 드러내 준다.

> "4 내가 유다와 예루살렘의 모든 주민들 위에 손을 펴서
> 남아 있는 바알을 그 곳에서 멸절하며
> 그마림이란 이름과 및 그 제사장들을 아울러 멸절하며
> 5 또 지붕에서 하늘의 뭇 별에게 경배하는 자들과
> 경배하며 여호와께 맹세하면서
> 말감을 가리켜 맹세하는 자들과
> 6 여호와를 배반하고 따르지 아니한 자들과
> 여호와를 찾지도 아니하며 구하지도 아니한 자들을 멸절하리라"
> (습 1:4-6).

스바냐 당시 유다와 예루살렘에는 가나안의 바알과 아시리아의 일월성신과 암몬의 말감 등 각종 우상숭배가 만연했다. 스바냐 1:7-13은 이러한 종교적 타락이 극성을 부릴 때 선포된 말씀이다.

스바냐 1:7-13은 다음의 구조로 나누어볼 수 있다.

---

3) 스바냐서의 사회-역사적 배경에 관해서는 다음을 보라. M. A. Sweeny, *Zephaniah: A Commentary*, Hermeneia (Minneapolis: Fortress Press, 2003), 14-18.

7절: 유다 백성의 제삿날

8-9절: 야웨의 희생의 날에 임할 심판

   8절: 이방 풍습을 그대로 모방하는 자들

   9절: 폭력과 협박으로 힘없는 사람들을 착취하고 강탈하는 자들

10-11절: 예루살렘의 월 스트리트에서 들려오는 곡소리

   10절: 어문, 제2구역, 작은 산

   11절: 상업의 붕괴

12-13절: 실천적 무신론자들의 색출과 심판

   12절: 등불을 들고 찾으시는 하나님

   13절: 재물과 집의 소멸

2. 스바냐 1:7-13의 본문 풀이

1) 유다 백성의 제삿날(습 1:7)

"주 여호와 앞에서 잠잠할지어다

이는 여호와의 날이 가까웠으므로

여호와께서 희생을 준비하고

그가 청할 자들을 구별하셨음이니라"(습 1:7).

여기서 "주 여호와 앞에서 잠잠하라"는 외침은 예배의 상황에서 나오는 외침으로, 예배를 시작하기 전에 모든 백성이 하나님 앞에서 조용

하고 엄숙해야 함을 말하고 있다.[4] 성전에서 제사장들이 제물을 드리는 동안 모든 사람은 완전히 침묵해야 한다. 이는 예배를 드리는 자들이 겸손하고 존경하는 마음으로 하나님께 예배드려야 함을 명령하는 제사장들의 초청이다. 예언자 스바냐는 제사장들이 하는 외침을 패러디하고 있다.

"오직 여호와는 그 성전에 계시니

온 땅은 그 앞에서 잠잠할지니라 하시니라"(합 2:20; 참조. 슥 2:13).

스바냐는 "야웨의 날"이 가까이 왔다고 선포한다. 스바냐서에서 "야웨의 날"이라는 표현은 이곳에서 처음 사용된다.[5] 야웨의 날은 야웨께서 자신의 대적들을 심판하기 위하여 세상 속으로 들어오시는 날이다. 그러나 여기서 말하는 "야웨의 날"은 하나님께서 이스라엘을 상대로 친히 전쟁을 벌이시는 날로 당신의 백성을 심판하시는 날이다(암 5:18-20; 사 13:6, 9; 겔 13:5; 욥 1:15 등). 야웨의 날이 예루살렘 사람들에게 은총의 날이 아니라 심판과 고통의 날이 된다는 것은 아이러니임에 틀림없다.

"[18]화 있을진저 여호와의 날을 사모하는 자여

너희가 어찌하여 여호와의 날을 사모하느냐

---

4) 엘리자베스 악트마이어, 『나훔-말라기』, 현대성서주석, 민경진 역(서울: 한국장로교출판사, 2002), 113.

5) 송병현, 『요나, 미가, 나훔, 하박국, 스바냐, 학개, 스가랴, 말라기』, 엑스포지멘터리(서울: 국제제자훈련원, 2011), 467.

9장 • 스바냐, "등불을 들고 교회 안의 무신론자들을 찾으시는 하나님"

그 날은 어둠이요 빛이 아니라

19 마치 사람이 사자를 피하다가 곰을 만나거나

혹은 집에 들어가서 손을 벽에 대었다가 뱀에게 물림 같도다

20 여호와의 날은 빛 없는 어둠이 아니며

빛남 없는 캄캄함이 아니냐"(암 5:18-20).

이제는 이스라엘에 대한 심판의 날이 곧 이를 것이기에 하나님은 야
웨의 희생 제물을 준비하시고, 그 희생 제사의 자리에 하나님이 이미 거
룩하게 한 자들을 청하신다. 그런데 여기서 피를 흘리게 되는 희생 제물
은 동물이 아니다. 뜻밖에도 희생 제물은 하나님의 법을 어긴 유다와 예
루살렘, 그 주민이다. 동물이 아니고 사람이다! 하나님은 당신의 백성
을 심판하시기 위해서 그 심판의 대행자들을 친히 불러 그들을 심판 실
행에 적합한 자들로 구별하셨다. 그분은 이방 나라를 불러 심판의 대행
자로 세워 그들을 당신의 군대로 삼으시고, 이제 당신이 선택한 백성 이
스라엘을 치시고 멸망시키겠다고 하신다. 유다 백성은 하나님이 초대한
손님인 이방인 적들에게 어린 양처럼 희생 제물이 될 것이다.[6]

2) 야웨의 희생의 날에 임할 심판(습 1:8-9)

"8 여호와의 희생의 날에

내가 방백들과 왕자들과 이방인의 옷을 입은 자들을 벌할 것이며

---

6) 랄프 스미드, 『미가-말라기』, WBC성경주석, 채천석/채훈 역(서울: 솔로몬, 2001), 192.

9 그 날에 문턱을 뛰어넘어서 포악과 거짓을

자기 주인의 집에 채운 자들을 내가 벌하리라"(습 1:8-9).

8절은 "여호와의 희생의 날"에 희생 제물로 끌려올 대상들을 언급하고 있다. 이 구절에서는 세 부류의 대상이 나온다. 첫째, 방백들이다. 이들은 유다의 정치 관원들과 군대 지휘관 등을 말한다. 한마디로 정치 사회적 지도자들이다.

둘째, 왕자들이다. 그런데 왜 왕은 언급되지 않았을까? 아마도 당시 왕인 요시아가 8세 때 즉위하였고("요시야가 왕위에 오를 때에 나이가 팔 세라 예루살렘에서 삼십일 년간 다스리니라 그의 어머니의 이름은 여디다요 보스갓 아다야의 딸이더라", 왕하 22:1), 당시만 해도 어린 왕이 실질적인 권력을 행사하지 못했기 때문일 것이다.[7] 여기서 왕자들은 왕족을 가리킨다. 이들은 예레미야 36:26("왕이 왕의 아들 여라므엘과 아스리엘의 아들 스라야와 압디엘의 아들 셀레먀에게 명령하여 서기관 바룩과 선지자 예레미야를 잡으라 하였으나 여호와께서 그들을 숨기셨더라")에 따르면 왕의 명령을 받아 국가경찰의 역할을 감당했던 것으로 보인다.[8]

셋째, 이방인의 옷을 입은 자들이다. 이방인 옷의 착용은 구약성경 중 여기서만 언급되는데, 이를 비난하고 있다.[9] 즉 이들은 자신들의 전

---

7) 노세영, 『나훔/하박국/스바냐』, 대한기독교서회 창립 100주년 기념(서울: 대한기독교서회, 1998), 349.

8) K. Seybold, *Nahum, Habakuk, Zephanja*, Zürcher Bibelkommentare (Zürich: Theologischer Verlag, 1991), 97.

9) L. Perlitt, *Die Propheten Nahum, Habakuk, Zephanja*, Das Alte Testament Deutsch (Göttingen: Vandenhoeck & Ruprecht, 2004), 109.

통보다 외국의 풍물과 관습을 더 귀하게 여기고 자신들의 전통은 무시한 자들이다. 아마도 여기서 "이방"이란 당시 고대 근동의 패권 국가였던 아시리아를 가리킬 것이다.

아시리아의 가신(家臣)이었던 유다 지도자들은 이방문화에 그대로 순응해왔던 것으로 보인다. 아시리아의 방식이 무비판적으로 유다에 흡수되었고, 아시리아의 관습은 결국 유다의 관습이 되어버렸다. 하지만 이스라엘은 본래 구별된 백성으로, 다른 이방 백성들과는 다르게 사는 "홀로 처하는 백성"이 되도록 구별되었다.

> "내가 바위 위에서 그들을 보며
> 작은 산에서 그들을 바라보니
> 이 백성은 홀로 살 것이라
> 그를 여러 민족 중의 하나로 여기지 않으리로다"
> (민 23:9; 참조. 출 33:16).

이스라엘 백성은 주변에 사는 다른 모든 백성처럼 살아서는 안 되고, 하나님이 자신들에게 명하신 언약의 율법에 맞게 살아야 한다. 오늘의 교회와 마찬가지로 이스라엘은 현 세상에 맞춰 살지 않고 언약의 하나님의 뜻에 따라서만 살도록 되어 있다.

> "너희는 이 세대를 본받지 말고 오직 마음을 새롭게 함으로 변화를 받아 하나님의 선하시고 기뻐하시고 온전하신 뜻이 무엇인지 분별하도록 하라"
> (롬 12:2).

하지만 당시 이스라엘은 그 구분됨을 자신의 상황에 맞춰 마음대로 각색해버렸다.[10] 구분이 아니라 혼합의 길을 선택한 것이다.

9절은 야웨의 희생의 날에 희생 제물로 끌려오게 될 대상 둘을 더 언급하고 있다. 첫째, 문턱을 뛰어넘는 자다. 블레셋의 법에 따르면 신전의 문지방에는 신들의 영이 있기 때문에, 그것을 밟는 행위는 신들을 밟음과 동일시된다. 그러므로 신전을 드나드는 사람들은 문지방을 밟지 않고 뛰어넘어 다녀야 했다. 이러한 관습은 사무엘상 5:5에서도 볼 수 있다.

"그러므로 다곤의 제사장들이나 다곤의 신전에 들어가는 자는 오늘까지 아스돗에 있는 다곤의 문지방을 밟지 아니하더라"(삼상 5:5).

따라서 문지방을 뛰어넘는 자들이란 이방인의 미신적인 종교적 풍습을 따라 행동하는 자들을 가리킨다.[11]

둘째, 포악과 거짓을 자기 주인의 집에 채운 자들이다. 이들은 가난한 자와 약자들에 대한 특별한 도움을 규정한 하나님의 언약적 율법의 명령을 내팽개쳤다(출 22:21-27; 23:6-9). 힘 있는 지도자들의 집안에는 약자들에게 포악과 거짓으로 강탈한 것들이 가득 쌓였다.

오늘날과 마찬가지로 당시 유다 나라의 주요 지도층들은 새로운 정

---

10) 엘리자베스 악트마이어, 『나훔-말라기』, 현대성서주석, 민경진 역(서울: 한국장로교출판사, 2002), 114.

11) W. Rudolph, *Micha/Nahum/Habakuk/Zephanja*, Kommentar zum Alten Testament (Gütersloh: Gütersloher Verlagshaus Gerd Mohn, 1975), 267-268.

황에 발 빠르게 적응하는 나름대로의 방법을 선택한 것으로 보인다. 유다 백성은 보다 실제적이어야 했고, 타협해야 했으며, 현실에 순응해야 했을지도 모른다. 아시리아가 그들을 오랜 기간 통치했으니 현명한 사람이라면 권력을 휘두르는 자, 즉 상관, 사회 지도자, 조직, 정부 고관들에게 가능하면 잘 보이고 고분고분해야 했을 것이다. 이런 상황에서 눈에 보이지 않는 하나님의 언약적 명령들은 거의 효력을 발휘하지 못했을 가능성이 크다. 하나님의 명령은 당장 눈앞에 보이는 인간 권력자들에 의해 움직이는 세상 안에서는 별로 중요하지 않게 인식되었던 것이다. 이런 삶은 하나님의 심판 날에 반드시 그 대가를 지불하게 되어 있다.

3) 예루살렘의 월 스트리트에서 들려오는 곡소리(습 1:10-11)

"10 나 여호와가 말하노라

그 날에 어문에서는 부르짖는 소리가,

제 이 구역에서는 울음소리가,

작은 산들에서는 무너지는 소리가 일어나리라

11 막데스 주민들아 너희는 슬피 울라

가나안 백성이 다 패망하고

은을 거래하는 자들이 끊어졌음이라"(습 1:10-11).

10절은 하나님의 심판 이후에 일어날 통곡의 현장을 적나라하게 묘사하고 있다. 예루살렘의 세 곳에서 통곡의 소리가 들릴 것이다. "부르짖는 소리", "울음소리", "무너지는 소리"들은 재난으로부터 발생하는 고통의 부르짖음을 의미한다. 온 도시가 장례식장이 될 것이다. 이러한 고난의 소리가 들려오는 지역은 어문(Fish gate), 제2구역 그리고 작은 산들이다. 첫째, 어문은 두로에서 온 어부들이 자신이 잡은 고기들을 가지고 들어올 때 주로 사용하던 북쪽 성벽에 있는 대문(大門)이다.

"또 두로 사람이 예루살렘에 살며 물고기와 각양 물건을 가져다가 안식일에 예루살렘에서도 유다 자손에게 팔기로"(느 13:16).

둘째, 제2구역은 어문 근처 므낫세의 벽 옆 주변에 추가된 성읍이다. 즉 성전의 북서쪽에 건설된 예루살렘 내 신도시의 한 지역이다(왕하 22:14; 대하 34:22, 여선지자 훌다의 거주 지역). 이 지역은 예루살렘의 부유층과 상류층들의 거주지이기도 했다.[12] 셋째, 작은 산은 두로 골짜기의 서쪽 봉우리 지역을 언급하는 것으로 보인다.

11a절에는 또 하나의 지명이 나온다. 막데스 지역이다. 막데스는 두로 골짜기의 북쪽을 따라 위치한 지역으로 무역하는 자들과 상인들이 주로 거주했던 상업중심지역이다.[13] 어문과 제2구역, 막데스 지역의 공통점은 모두 상업지구라는 것이다. 스바냐의 말에 따르면 하나님은 당신을 반역한 하나님의 백성과 세상을 심판하실 때 예루살렘 한복판에서 시작하실 것이다. 죄로 가득한 당신의 백성을 향한 하나님의 심판이

---

12) A. Berlin, *Zephaniah: A New Translation with Introduction and Commentary*, The Anchor Yale Bible (New Haven and London: Yale Unversity Press, 2008[1994]), 86.
13) 노세영, 『나훔/하박국/스바냐』, 대한기독교서회 창립 100주년 기념(서울: 대한기독교서회, 1998), 353.

9장 • 스바냐, "등불을 들고 교회 안의 무신론자들을 찾으시는 하나님"

시작되는 곳은 "예루살렘의 상업지구"다. 어문과 제2구역과 막데스는 일명 "고대 예루살렘의 월 스트리트"(Wall Street)라 할 수 있다.[14] 예루살렘의 월 스트리트가 하나님의 공격의 첫 번째 표적이 될 것이다.

11b절은 월 스트리트에서 통곡소리가 들리는 이유를 말해준다. 모든 상업체제가 붕괴되었기 때문이다. 여기서 "가나안 백성"이란 스바냐 2:5("해변 주민 그렛 족속에게 화 있을진저 블레셋 사람의 땅 가나안아 여호와의 말씀이 너희를 치나니 내가 너를 멸하여 주민이 없게 하리라")에 나오는 것과 같은 민족적 지칭이 아니라 사회적 지칭이다. 11절에서는 "가나안 백성"과 "은을 거래하는 자들"이 동의 평행법을 이루고 있기 때문이다. 11절의 가나안은 종교적인 의미가 아니다.[15] 따라서 이곳에서 가나안 백성이란 "무역업자" 혹은 "상인"을 말한다(호 12:7; 겔 16:29; 슥 14:21 등).[16] 전문 상인들이 다 망하고 금전거래가 완전히 마비되었기 때문에 도시에서 통곡소리가 들리는 것이다. 야웨의 심판 날에는 더 이상 예루살렘에 장사하는 사람들의 소리가 들리지 않는, 즉 사람이 살기에 부적합한 도시가 될 것을 암시하고 있다.

4) 실천적 무신론자들의 색출과 심판(습 1:12-13)

"12 그 때에 내가 예루살렘에서 찌꺼기 같이 가라앉아서

---

14) 엘리자베스 악트마이어, 『나훔-말라기』, 현대성서주석, 민경진 역(서울: 한국장로교출판사, 2002), 117.

15) L. Perlitt, *Die Propheten Nahum, Habakuk, Zephanja*, Das Alte Testament Deutsch (Göttingen: Vandenhoeck & Ruprecht, 2004), 111.

16) 랄프 스미드, 『미가-말라기』, WBC성경주석, 채천석/채훈 역(서울: 솔로몬, 2001), 192.

열두 예언자의 영성

마음속에 스스로 이르기를

여호와께서는 복도 내리지 아니하시며

화도 내리지 아니하시리라 하는 자를 등불로 두루 찾아 벌하리니

13 그들의 재물이 노략되며 그들의 집이 황폐할 것이라

그들이 집을 건축하나 거기에 살지 못하며

포도원을 가꾸나 그 포도주를 마시지 못하리라"(습 1:12-13).

12절은 야웨의 희생의 날, 심판의 날에 하나님이 등불을 들고 특정 사람들을 색출하시는 장면을 보여준다. 하나님은 마치 등불을 든 조사관이 집안 거실의 계단을 통해 지하실로 내려가는 모습으로 그려진다. 그곳에는 "마치 찌꺼기 같이 가라앉아서 속으로 중얼거리는 사람들이 있다"는 것이다. 그들은 무언가를 중얼거리고 있다. 그들은 속으로 "하나님은 복도 주시지 않고 화도 내리지 않으신다"라고 말하는 사람들이다.

여기서 "찌꺼기 같이 가라앉은 자들"은 원문에 충실하게 번역하면 "찌끼들 위에 눌러 붙어 있는 자들"이다. 이것은 포도주 생산에서 나온 은유적 표현이다.[17]

"모압은 젊은 시절부터 평안하고 포로도 되지 아니하였으므로

마치 술이 그 찌끼 위에 있고

이 그릇에서 저 그릇으로 옮기지 않음 같아서

---

17) A. 바이저/K. 엘리거, 『소예언서』, 국제성서주석(서울: 한국신학연구소, 1985), 245.

그 맛이 남아 있고 냄새가 변하지 아니하였도다"

(렘 48:11; 참조. 사 25:6).

포도주를 만드는 통상적인 절차에 따르면 포도를 수확한 후 그것을 커다란 틀 속에 넣고 밟아 거기서 추출된 포도주를 부대나 나무, 통, 혹은 항아리에 담는다. 그리고 약 40일 정도를 발효시킨 후 다시 다른 항아리나 부대에 담는데 이때 그동안 걸쭉하게 가라앉은 찌꺼기들은 모두 걸러낸다.

새 포도주는 걸쭉한 찌꺼기와 함께 시간이 흐르면서 포도주의 색깔과 맛을 내게 되어 있다. 그러나 어느 정도 시간이 지난 후에는 그 찌꺼기들을 걷어내야 한다. 그렇지 않으면 포도주가 과하게 진해지거나 시럽처럼 끈적거린다. 찌꺼기를 그대로 둔 채로 숙성한 포도주는 찌꺼기를 걷어낸 포도주보다 좀 더 달콤하지만 쉽게 맛이 변하고 잘 썩는다. 그래서 "찌끼 위에 앉다"라는 문구는 게으름, 무관심, 진흙탕 같은 마음을 가리키는 일종의 잠언적 표현이다.[18] 이는 은밀한 가운데 스스로의 삶에 대한 자만심과 안일함을 가리키는 문구다.

스바냐는 예루살렘 사람들을 가라앉은 포도주의 찌꺼기에 비유했다. 포도주의 은유를 신앙적 타락을 묘사하기 위해 사용하는 것이다. 당시 예루살렘 사람들은 포도주의 침전물처럼 자신의 생활방식에 안주하는 정체된 신앙태도를 보였다.[19]

---

18) G. A. Smith, *The Book of the Twelve Prophets*, Vol.2 (Garden City, New York: Doubleday, 1929), 52.

19) 로버트 치즈홀름, 『예언서개론』, 강성열 역(서울: 크리스챤다이제스트, 2006), 683.

자기 삶에 자만심과 안일함을 가진 사람들은 많은 사람들이 보는 곳, 즉 사람들이 모이는 예배 장소에서는 신실한 야웨 신앙인들처럼 말하고 행동한다. 그러나 사람들이 보지 않는 밤이 되면 그들의 행동과 말은 전혀 다른 모습으로 변한다. 낮의 모습과 밤의 모습이 너무 다르다. 그들은 심중에 이르기를 "야웨는 복도 화도 내리지 않는다"라고 중얼거린다. 이들은 하나님의 능력은 물론이고 하나님이 역사를 이끄신다는 사실도 인정하지 않는다. 오히려 이 세상의 모든 일은 자신의 능력으로 인해 복도 오고 화도 올 수 있다고 생각한다.

이런 사람들은 분명 하나님의 존재는 믿지만, 하나님이 뭔가를 하신다는 사실은 믿지 않는다. 이들을 가리켜 우리는 "실천적 무신론자" (practical atheist: 현실적 무신론자, 실질적 무신론자, 진짜 무신론자)라고 부른다.[20] 실천적 무신론자들은 신의 존재 자체를 부인하지는 않는다. 그러나 인간의 역사와 삶 안에서 하나님이 활동하고 계시다는 것은 부인한다. 하나님이 이 땅의 일에 관여하지 않으신다고 믿는 것이다. 또한 그들은 이 세상 가운데 펼쳐지는 하나님의 도덕적 통치를 믿지 않는다. "야웨는 선도 악도 행하지 않으신다"라는 그들의 말에는 이러한 의미가 내포되어 있다.

하나님은 손에 "등불들"을 잡으시고 이런 사람들을 샅샅이 색출하신다. 여기서 "등불들"이라는 복수형이 사용된 것은 철저하고도 세밀한 조사를 상징하는 비유적 표현이다. 하나님의 철저한 검사 앞에서는 어

---

20) K. Seybold, *Nahum, Habakuk, Zephanja*, Zürcher Bibelkommentare (Zürich: Theologischer Verlag, 1991), 99.

떠한 것도 벗어날 수 없다.

"7내가 주의 영을 떠나 어디로 가며

주의 앞에서 어디로 피하리이까

8내가 하늘에 올라갈지라도 거기 계시며

스올에 내 자리를 펼지라도 거기 계시니이다

9내가 새벽 날개를 치며

바다 끝에 가서 거주할지라도

10거기서도 주의 손이 나를 인도하시며

주의 오른손이 나를 붙드시리이다

11내가 혹시 말하기를 흑암이 반드시 나를 덮고

나를 두른 빛은 밤이 되리라 할지라도

12주에게서는 흑암이 숨기지 못하며

밤이 낮과 같이 비추이나니

주에게는 흑암과 빛이 같음이니이다"(시 139:7-12).

13절은 자만심 가득한, 안일한 실천적 무신론자들에게 임할 심판을 선포하고 있다. 이들은 안타깝게도 심판을 통해 하나님이 살아계심을 고통스럽고 뼈저리게 배워야 한다. 이런 자들은 하나님의 심판을 당해 보아야만 하나님의 살아계심을 깨닫는다.

그들은 자기 집을 건축하지만 거기서 살지는 못한다(13b절). 또한 그들은 자기 포도원을 가꾸지만 그 포도주를 마시지는 못한다. 이는 소위 "헛수고의 저주"에 빠졌음을 가리킨다. 이것은 다음의 본문에서도 잘 나타난다.

"너희가 힘없는 자를 밟고
그에게서 밀의 부당한 세를 거두었은즉
너희가 비록 다듬은 돌로 집을 건축하였으나
거기 거주하지 못할 것이요
아름다운 포도원을 가꾸었으나
그 포도주를 마시지 못하리라"(암 5:11; 참조. 신 28:30).

그들이 가장 의지했던 재물과 집은 한순간에 날아갈 것이다(13a절). 자신을 마치 신(神)처럼 착각하고 많은 돈으로 으스대며 자만하는 물질우상숭배자들은 그동안 그들이 축적해놓은 엄청난 재화를 한순간에 직접 치시는 하나님의 심판 앞에서야 비로소 그것이 아무 쓸모가 없음을 깨달을 것이며, 그분 앞에서 너무도 무력한 자신을 발견하게 될 것이다.[21] 하나님께서 그들에게 내리실 심판은 그들을 자만에 빠지게 했던 재산과 풍요로움을 빼앗는 일이다.

스바냐는 그들이 빼앗기는 것을 "재산", "집", "포도주" 세 가지로 요약하고 있다. 이것은 오늘날로 말하면 "은행잔고"(재산), "부동산"(집), "사업/직장"(포도주)을 모두 잃는 것을 의미한다. 또한 하나님께서 빼앗으실 것들은 8-12절에서 비난의 대상이 된 세 부류의 사회계층에 속한

---

21) 엘리자베스 악트마이어, 『나훔-말라기』, 현대성서주석, 민경진 역(서울: 한국장로교출판사, 2002), 117.

자들이 잃을 것을 의미한다고 풀이되기도 한다. 왕궁과 성전을 중심으로 사는 사람들은 그들의 "궁과 재산"을 잃을 것이고, 부자와 상인들은 그들의 "집"을 잃을 것이며, 술 찌꺼기 같은 인간들은 그들의 "술"을 잃을 것이다.[22]

3. 메시지

스바냐 1:7-13의 본문에서 하나님은 등불을 들고 예루살렘 거리를 돌아다니고 계신다. 왜 그러실까? 예루살렘에 어둠이 깊게 드리웠기 때문이다. 이것은 예루살렘의 영적 상태를 캄캄한 밤에 비유하고 있는 것이다. 대낮에 본 예루살렘과 한밤중에 본 예루살렘은 너무나도 다른 모습을 하고 있다. 마치 야누스(Janus)의 두 얼굴처럼 말이다.

그들 대부분은 매우 "위선적인 신앙"을 가지고 "이중적인 삶"을 살고 있었다. 그들은 "대낮에 드러나는 삶"과 "어둠 속에서 진행되는 삶" 사이에 너무도 극명한 대조를 보였다. 주일 낮 대예배 때는 선남선녀(善男善女)였지만, 평일 밤 그들의 직장과 가정에서의 삶은 신성 모독적 언사로 가득 찬 불신자의 삶 그 자체였다.[23]

이러한 자들을 "실천적 무신론자"들이라고 한다. 이들은 교회 밖에 있는 "이론적 무신론자"(theoretical atheist)들과는 다르다. 칼 마르크스,

---

22) 송병현, 『요나, 미가, 나훔, 하박국, 스바냐, 학개, 스가랴, 말라기』, 엑스포지멘터리(서울: 국제제자훈련원, 2011), 472.

23) 류호준, "등불 들고 계신 하나님과 실천적 무신론자들: 스바냐의 메시지", 『등불 들고 이스라엘을 찾으시는 하나님』(서울: 솔로몬, 2007), 253-278, 특히 264.

프리드리히 니체, 지그문트 프로이트, 버트런드 러셀 등과 같은 사람들은 이론적인 무신론자들이다. 그들은 신의 존재를 아예 부정한다. 그런데 교회를 다니는 사람들은 입술로는 하나님을 인정하면서 삶으로는 하나님을 부정하고 있다.

> "그들이 하나님을 시인하나 행위로는 부인하니 가증한 자요 복종하지 아니하는 자요 모든 선한 일을 버리는 자니라"(딛 1:16).

이런 신자들이 실천적 무신론자다. 이들의 삶은 공적인 신앙생활 안에서는 "하나님"이란 용어와 "하나님과 관계있는" 단어들로 가득 차 있지만 사적이고 일상적인 삶 속에서는 하나님을 위한 자리가 전혀 없다. 입술만 경건한 것이다("주께서 그들을 심으시므로 그들이 뿌리가 박히고 장성하여 열매를 맺었거늘 그들의 입은 주께 가까우나 그들의 마음은 머니이다", 렘 12:2).

문제는 오늘날 대부분의 신자 역시 실천적 무신론자들이라는 사실이다. 오늘날에도 우리는 여전히 영적으로 어둠 속에 갇혀 있다. 주일 아침에는 "나는 하늘과 땅을 만드신 전능하신 하나님 아버지를 믿습니다"라고 사도신경의 첫 조항을 큰소리로 고백하면서도, 현실 생활로 돌아와서는 "뭐니 뭐니 해도 머니(money)가 최고지"라고 말하지 않는가.[24]

---

24) 류호준, "등불 들고 계신 하나님과 실천적 무신론자들: 스바냐의 메시지", 『등불 들고 이스라엘을 찾으시는 하나님』(서울: 솔로몬, 2007), 253-278, 특히 273-274.

이는 돈을 향유하기 위해 하나님을 이용하는 왜곡된 신앙이다. 하나님을 위해 돈을 사용하지 않고 돈을 위해 하나님을 예배하는 신앙인 셈이다.[25] 이것은 하나님 신앙이 아니라 "돈 신앙"이다.

여기서 한 가지 유념해야 할 사실이 있다. 경제, 즉 돈을 최고의 가치로 추구하는 사람, 돈을 최고의 신으로 숭배하는 사람, 이런 사람들이 하나님의 심판의 첫 대상이라는 사실이다. 돈, 돈, 돈 하며 돈만 따라 살다간 마지막에 하나님 앞에서 진짜 돌아버릴지도 모른다.

우리는 머리와 입술로는 유신론자이지만
마음과 실제로는 무신론자가 아닌가?

우리는 야웨 하나님과 금신을 함께 섬기려는
우상숭배자들이고 혼합종교주의자들이 아닌가?

우리는 금력이나 권력, 연줄이나 학력이
우리의 미래를 보장해줄 것이라고 은밀히 말하는 자들은 아닌가?

그렇다면 우리는 이 세상의 것들에 취해 정신이 혼미해진 세속의 사람들이다. 바울의 용어를 빌리면 경건의 모양은 있으나 경건의 능력은 없는 사람이다("경건의 모양은 있으나 경건의 능력은 부인하니 이 같은

---

25) 박득훈, "교회 안의 맘몬 숭배 타파", 강영안(외), 『한국교회, 개혁의 길을 묻다』(서울: 새물결플러스, 2013), 151-170, 특히 160.

자들에게서 네가 돌아서라", 딤후 3:5).

"그 열매를 보고서 그 나무를 알리라" 하신 주님의 말씀이 우리 심령에 크게 들려야 한다. 지금도 하나님은 등불을 들고 종교의 핵심부인 예루살렘을 샅샅이 뒤지고 계시는지 모른다. 하나님이 지금 우리 교회 안에서 등불을 들고 계실지도 모른다. 지금이야말로 자신을 돌아볼 때다. 우리 안에 뱀처럼 똬리를 틀고 있는 실제적 무신론적 사고와 행위들이 보이는가?

10장

학개,
"성전이 황폐해지면 우리 삶도 황폐해진다"

"이것이 무슨 까닭이냐"

(학 1:1-11)

학개의 생애에 대해서는 알려진 바가 없다. 학개는 학개서 외에 에스라 5:1과 6:14에서만 언급된다. 학개란 이름은 "명절에 속한", 즉 "명절에 태어난 사람"이라는 뜻이다.[1] 학개의 활동연대는 날짜가 정확하게 적혀 있다(학 1:1, 15; 2:1, 10, 20). "바사의 다리오 왕 제2년"은 주전 520년을 가리킨다(학 1:1). 학개는 주전 520년 8월에서 12월까지 예언활동을 한 것으로 보인다.[2]

학개서의 일관된 주제는 예루살렘 성전재건이다. 유다가 현재 겪는 경제적인 황폐함은 성전을 황폐하게 방치한 결과라는 것이다(학 1:4, 9). 이는 학개의 독특한 신학이다. 학개는 성전재건이 자신의 주거환경 개선보다 우선이라고 말한다(학 1:4). 학개의 핵심 메시지는 다음과 같다. "자신의 필요에만 몰입하기보다는 먼저 자신의 본분(합당한 성전재건)에 충실하면 하나님이 그의 필요한 것을 채워주실 것이다."

1. 학개 1:1-11의 배경과 구조

학개가 전한 말씀에는 날짜가 정확하게 적혀 있다.

---

1) W. Rudolph, *Haggai-Sacharja 1-8*, Kommentar zum Alten Testament (Gütersloh: Gütersloher Verlagshaus Gerd Mohn , 1976), 32.
2) 베르너 H. 슈미트, 『구약성서 입문』, 차준희/채홍식 역(서울: 대한기독교서회, 2007), 376.

"다리오 왕 제이년 여섯째 달 곧 그 달 초하루에 여호와의 말씀이 선지자 학개로 말미암아 스알디엘의 아들 유다 총독 스룹바벨과 여호사닥의 아들 대제사장 여호수아에게 임하니라 이르시되"(학 1:1).

그 모든 말씀은 학개가 바사 왕 다리오 1세(주전 521-486년) 제2년 (주전 520년)에 선포한 것으로 되어 있다. 주전 539년에 바빌로니아는 바사(페르시아)에게 망한다. 바빌로니아에 포로로 잡혀왔던 유다 백성 은 졸지에 지배국이 바뀌었다. 그리고 그 이듬해 주전 538년에 바사 왕 고레스는 바빌로니아에 사로잡혀와 있던 유다 사람에게 예루살렘으로 돌아가서 무너진 성전을 재건하도록 하였다. 이것이 그 유명한 "고레스 의 칙령"(Edict of Cyrus)이다.

"2바사 왕 고레스는 말하노니 하늘의 하나님 여호와께서 세상 모든 나라를 내게 주셨고 나에게 명령하사 유다 예루살렘에 성전을 건축하라 하셨나니 3이스라엘의 하나님은 참 신이시라 너희 중에 그의 백성 된 자는 다 유다 예루살렘으로 올라가서 이스라엘의 하나님 여호와의 성전을 건축하라 그 는 예루살렘에 계신 하나님이시라"(스 1:2-3; 참조. 스 6:3-5).

유다 사람들은 조국으로 돌아오자마자 성전재건 공사를 시작했다.

"8예루살렘에 있는 하나님의 성전에 이른 지 이 년 둘째 달에 스알디엘의 아들 스룹바벨과 요사닥의 아들 예수아와 다른 형제 제사장들과 레위 사람 들과 무릇 사로잡혔다가 예루살렘에 돌아온 자들이 공사를 시작하고 이십 세 이상의 레위 사람들을 세워 여호와의 성전 공사를 감독하게 하매 9 이에 예수아와 그의 아들들과 그의 형제들과 갓미엘과 그의 아들들과 유다 자손과 헤나닷 자손과 그의 형제 레위 사람들이 일제히 일어나 하나님의 성전 일꾼들을 감독하니라 10 건축자가 여호와의 성전의 기초를 놓을 때에 제사장들은 예복을 입고 나팔을 들고 아삽 자손 레위 사람들은 제금을 들고 서서 이스라엘 왕 다윗의 규례대로 여호와를 찬송하되"(스 3:8-10).

하지만 이 공사는 유다 땅에 머물러 있던 사람들과 포로에서 귀환한 사람들 간의 주도권 다툼으로 인해 결국에는 중단된다. 공사 중단 상태는 그 외에 여러 가지 문제가 복합적으로 작용하여 학개가 등장하는 주전 520년까지 지속된다.

"23 아닥사스다 왕의 조서 초본이 르훔과 서기관 심새와 그의 동료 앞에서 낭독되매 그들이 예루살렘으로 급히 가서 유다 사람들을 보고 권력으로 억제하여 그 공사를 그치게 하니 24 이에 예루살렘에서 하나님의 성전 공사가 바사 왕 다리오 제이년까지 중단되니라"(스 4:23-24).

성전재건은 주전 538년 유다 백성을 포로지에서 유다 본국으로 귀환시킨 고레스가 내린 명령의 주목적이었다. 그러나 이 임무는 거의 18년 동안이나 망각되었다. 그리고 주전 520년 학개가 하나님으로부터 소명을 받는다. 그의 사명은 유다 백성이 망각해버린 성전재건의 본분을 일깨우는 것이었다.

학개 1:1-11의 구조는 다음과 같다.

1절: 표제: 활동시기와 선포의 대상

2-6절: 학개와 백성 간의 논쟁

　　2절: 백성들의 반발("여호와의 전을 건축할 시기가 이르지 아니하였다")

　　3절: 말씀사건 공식("여호와의 말씀이 선지자 학개에게 임하여")

　　4-6절: 백성의 현 상황에 기초한 논박("너희가 이때에 판벽한 집에 거
　　　　　주하는 것이 옳으냐")

7-8절: 성전건축의 권고("성전을 건축하라")

9-11절: 논박에 대한 자세한 설명("이것이 무슨 까닭이냐?")

2. 학개 1:1-11의 본문 풀이

1) 표제: 활동시기와 선포의 대상(학 1:1)

여러 가지 정황상 학개는 유다 땅에 머물렀던 사람으로 추정된다.[3] 바빌로니아에서 귀환한 유다 백성을 이끌었던 대표적인 지도자들이 두 사람이 있다. 총독 스룹바벨과 대제사장 여호수아다. 스룹바벨은 다윗 가문의 왕 여호야긴의 후손으로, 바빌로니아에 잡혀갔던 여호야긴의 손자다("그가 여호야긴을 바벨론으로 사로잡아 가고 왕의 어머니와 왕의 아내들과 내시들과 나라에 권세 있는 자도 예루살렘에서 바벨론으로 사로잡아 가고", 왕하 24:15).

　　여호수아는 여호사닥의 아들로서 역대상 6:15("여호와께서 느부갓네

3) 차준희/유윤종, 『학개/스가랴/말라기』, 대한기독교서회 창립 100주년 기념(서울: 대한기독교
　　서회, 2006), 42-43.

살의 손으로 유다와 예루살렘 백성을 옮기실 때에 여호사닥도 가니라")에 따르면 그의 할아버지 스라야("아사랴는 스라야를 낳고 스라야는 여호사닥을 낳았으며", 대상 6:14)는 주전 587년에 예루살렘의 대제사장으로서 바빌로니아 왕에게 붙잡혀 리블라(Ribla)에서 처형당했다("시위대장이 대제사장 스라야와 부제사장 스바냐와 성전 문지기 세 사람을 사로잡고", "바벨론 왕이 하맛 땅 리블라에서 다 쳐죽였더라 이와 같이 유다가 사로잡혀 본토에서 떠났더라", 왕하 25:18, 21). 따라서 여호사닥의 아들 여호수아는 레위 제사장 계통에 속하는 인물이었다(대상 6:1-15).

스룹바벨은 왕족이고, 여호수아는 제사장 가문이다. 총독 스룹바벨은 정치와 행정을 책임지는 정치지도자이고, 여호수아는 정신적이고 종교적인 직무를 책임지는 종교지도자다. 이 두 지도자는 학개와 달리 바빌로니아 포로에서 귀환한 사람들이다. 학개가 이들에게 선포한 이유는, 이들이 백성을 대표하는 지도자들이기 때문이다. 또한 이들이 성전재건을 독려해야 할 책임을 맡은 자들이기 때문이기도 할 것이다. 지도자들이 무책임하다는 이유로 학개는 그들에게 직접적으로 선포했던 것으로 보인다.

2) 학개와 백성 간의 논쟁(학 1:2-6)

그런데 학개의 외침은 백성의 저항에 부딪친다. 백성들은 경제적 상황이 열악하다며 지금은 야웨의 전을 건축할 때가 아니라고 주장한다.

"만군의 여호와가 이같이 말하여 이르노라
이 백성이 말하기를

여호와의 전을 건축할 시기가 이르지 아니하였다 하느니라"(학 1:2).

당시 유다 백성이 성전재건 자체를 거부한 것은 아니다. 다만 그들은 아직은 성전을 건축할 때가 아니라고 판단했다. 포로기 이후 유다 공동체의 지도자인 총독과 대제사장은 "지금이 성전건축의 적기다"라고 말하는 예언자와 "아직은 아니다"라고 하는 백성 사이에서 결정을 내려야 했다.

학개는 아직은 성전을 건축할 시기가 아니라는 백성을 향해 다음과 같이 반문한다.

"이 성전이 황폐하였거늘
너희가 이 때에
판벽한 집에 거주하는 것이 옳으냐"(학 1:4).

이 본문을 히브리 원문에 충실하게 문자적으로 번역하면 다음과 같다.

"이 전이 황무하였거늘
너희가 너희를 위해서 이 때에
판벽한 너희 집에 거하는 것이 가하냐?"(필자 사역)

필자의 사역이 보여주는 바와 같이 히브리 원문에는 이 구절에서 "너희"라는 인칭대명사가 무려 세 번이나 나오고 있다. 반면 우리말 성경에서는 "너희"라는 인칭대명사가 한 번만 표현된다. 하지만 원문은 이 구절에서 "너희"라는 낱말이 삼중으로 강조되고 있음을 보여준다. "너희가", "너희를 위해서", "너희" 집에 거하는 것이 가하냐? 이것은 조롱조의 반문이다. 폐허가 된 하나님의 성전에는 무관심하고 자기 것만 챙기는 백성의 이기주의를 폭로하는 것이다.

여기에서는 "황폐한 하나님의 집"과 "판벽한 백성의 집"이 대조를 이루고 있다. "황폐"란 "최악의 황폐된 상태"를 가리키며, "판벽"은 "덮개/지붕"을 의미한다("성전의 건축을 마치니라 그 성전은 백향목 서까래와 널판으로 덮었고", 왕상 6:9). "판벽"에 해당하는 히브리어 "세푸님"(ספונים) 은 호화로운 집을 나타내는 "판벽한"(paneled) 집(왕상 7:3, 7; 렘 22:14)[4] 이거나 집에 필수적인 지붕을 언급하는 소박한 "덮개"(covered)가 씌워진 집(왕상 6:9; 7:3)[5]을 가리킨다. 학개서에는 호화로움에 대한 언급이 없고, 백성이 경제적으로 심한 어려움에 처해 있음을 여러 번 언급하고 있는 것으로 볼 때 후자가 더 개연성이 있어 보인다. 학개는 "백성들의 지붕 덮인 집"과 "지붕도 없이 폐허가 된 하나님의 집"을 대조적으로 보여준다. 그리고 하나님의 집을 지붕 하나 없이 폐허된 채로 내버려두고 자신들은 지붕이 덮인 집에서 편안히 거하는 것이 하나님의 백성으로서 옳은 태도인지를 묻는다.

---

4) H. G. Reventlow, *Die Propheten Haggai, Sacharja und Maleachi*, ATD (Göttingen: Vandenhoeck & Ruprecht, 1993), 12.
5) H. W. Wolff, *Dodekapropheton 6: Haggai* (Neukirchen-Vluyn: Neukirchener Verlag, 1991), 25.

"그러므로 이제 만군의 여호와가 이같이 말하노니
너희는 너희의 행위를 살필지니라"(학 1:5).

당시 백성들은 대부분 극심한 빈곤을 겪고 있는 것 같다. 모든 경제 생활은 아무런 소득이 없었다.

"너희가 많이 뿌릴지라도 수확이 적으며
먹을지라도 배부르지 못하며
마실지라도 흡족하지 못하며
입어도 따뜻하지 못하며
일꾼이 삯을 받아도
그것을 구멍 뚫어진 전대에 넣음이 되느니라"(학 1:6).

그들은 농작물 경작의 실패, 식량 부족, 가뭄으로 인한 물 부족, 낡고 헤진 의복, 물질 부족 등으로 기본적인 생존권을 위협받고 있었다. 학개가 제시한 다섯 가지 분야는 "씨 뿌리기"(농사), "먹기"(음식), "마시기"(음료), "옷 입기"(의복), "삯 받기"(일당을 위한 노동) 등 사람들이 살아가기 위해 기본적으로 행하는 삶의 필수적인 요소들이다.[6] 이런 기본생활을 위한 필수적인 일들이 최선의 노력에도 불구하고 소위 "헛수고(무익성)의 저주"(Nichtigkeitsflüchen, Futility curses)라는 덫에 걸려버린

---

6) 권혁승, 『학개의 신앙과 신학: 학개서 주석적 연구』(서울: 프리칭아카데미, 2010), 95.

것이다.[7] 헛수고의 저주는 다음의 본문에서 잘 표현되고 있다.

"38 네가 많은 종자를 들에 뿌릴지라도 메뚜기가 먹으므로 거둘 것이 적을
것이며 39 네가 포도원을 심고 가꿀지라도 벌레가 먹으므로 포도를 따지 못
하고 포도주를 마시지 못할 것이며 40 네 모든 경내에 감람나무가 있을지라
도 그 열매가 떨어지므로 그 기름을 네 몸에 바르지 못할 것이며 41 네가 자
녀를 낳을지라도 그들이 포로가 되므로 너와 함께 있지 못할 것이며 42 네
모든 나무와 토지소산은 메뚜기가 먹을 것이며 43 너의 중에 우거하는 이방
인은 점점 높아져서 네 위에 뛰어나고 너는 점점 낮아질 것이며 44 그는 네
게 꾸어줄지라도 너는 그에게 꾸어주지 못하리니 그는 머리가 되고 너는
꼬리가 될 것이라 45 네가 네 하나님 여호와의 말씀을 청종하지 아니하고
네게 명령하신 그의 명령과 규례를 지키지 아니하므로 이 모든 저주가 네
게 와서 너를 따르고 네게 이르러 마침내 너를 멸하리니 46 이 모든 저주가
너와 네 자손에게 영원히 있어서 표징과 훈계가 되리라"(신 28:38-46).

제아무리 노력을 해도 모든 것이 헛수고다. 그러니 백성들도 고민
할 수밖에 없다. 과연 무엇이 문제인가? 어떻게 해야 하는가?

3) 논박에 대한 자세한 설명(학 1:9-11)
학개와 유다 백성 간의 논쟁의 흐름상 학개 1:9-11을 먼저 다루는 것이

---

7) H. W. Wolff, *Dodekapropheton 6: Haggai* (Neukirchen-Vluyn: Neukirchener Verlag, 1991), 27

자연스러워 보인다. 포로지에서 돌아온 유다 백성은 그들에게 주어진 성전건축이라는 일차적인 임무는 저버리고 자기 일에만 몰두했다. 그들은 자기 집을 먼저 짓고 나름대로 최선을 다해 살았다. 그러나 기대하는 만큼 생활 형편은 호전되지 않고 상황은 점점 더 악화되었다. 학개는 이 점에 대하여 9절에서 먼저 곤경에 처한 현 상황을 진술하고, 그 원인에 대해 질문한다. 그리고 이에 대한 대답을 한다.

> ① 상황진술: "너희가 많은 것을 바랐으나 도리어 적었고
>
>   너희가 그것을 집으로 가져갔으나 내가 불어 버렸느니라"
>
> ② 원인질문: "나 만군의 여호와가 말하노라
>
>   이것이 무슨 까닭이냐"
>
> ③ 자문자답: "내 집은 황폐하였으되
>
>   너희는 각각 자기의 집을 짓기 위하여 빨랐음이라"

여기에서 "자기의 집을 짓기 위하여 빨랐음이라"라는 희화적 표현은 자신이 거하는 집, 그리고 포로로 끌려가기 이전의 자기 재산을 다시 확보하려고 동분서주하는 모습, 자기 집의 내장과 외장을 꾸미는 것까지도 포함한다. 아무튼 당시 포로지에서 돌아온 유다 백성은 하나님의 성전보다도 자신의 집과 자신의 집안 일이 더 우선이었다.

예언자 학개와 백성이 처한 상황은 동일하다. 모두가 극심한 곤궁에 처해 있다. 그러나 같은 상황을 해석하는 눈은 전혀 다르다. 이기적인 백성들은 경제적 곤궁이 꽉 들어찬 현실 때문에 성전을 재건할 때가 아직 이르지 않았다고 판단하고 성전에는 신경조차 쓰지 않았다. 이

에 반해 하나님의 사람 학개는 성전재건에 대한 무관심 때문에 이러한 곤궁에 빠지게 되었다고 말한다. 예언자는 원인과 결과를 완전히 뒤집는다. 똑같은 환경이지만 신앙의 해석과 불신앙의 해석은 놀라울 정도로 다르다.

	원인	결과
백성	곤궁한 삶 →	성전재건의 무관심
학개	성전재건의 무관심 →	곤궁한 삶

성전재건의 무관심이 경제적 곤란의 근본원인이라는 통찰은 이곳 외에는 구약성경 어디에서도 찾아볼 수 없다.[8] 이것은 학개의 독특한 신학이다. 학개는 하나님의 일에 대해서는 시간도 노력도 관심도 기울이지 않고 자기 일에만 몰두하는 백성의 빗나간 열정과 이기적인 삶을 고발하고 있다. 이기적이고 빗나간 열정이 인생의 화(禍)를 불러들인 것이다.

학개는 빈궁과 곤고함이 백성들이 하나님에 대하여 무관심하여 자초한 하나님의 심판이라고 말한다.

"10 그러므로 너희로 말미암아

하늘은 이슬을 그쳤고

---

8) H. W. Wolff, *Dodekapropheton 6: Haggai* (Neukirchen-Vluyn: Neukirchener Verlag, 1991), 30.

11 땅은 산물을 그쳤으며

내가 이 땅과 산과

곡물과 새 포도주와 기름과

땅의 모든 소산과 사람과 가축과

손으로 수고하는 모든 일에

한재를 들게 하였느니라"(학 1:10-11).

창조주이신 야웨께서 당신이 거하시는 성전을 "경시/무시"하는 백성들 앞에 드디어 심판자로 나타나셨다. 창조주의 심판 도구로 사용된 "한재(旱災)"(חֹרֶב '호레브')와 창조주께서 거하시는 성전의 현 상태인 "황폐"(חָרֵב '하레브')는 놀랍게도 히브리어 어근이 똑같다. 이는 결코 우연이 아니다. 본연의 임무에 태만한 백성이 딛고 서 있는, 정확히 표현하면 방치하고 있는 성전의 "황폐/폐허더미" 상태는 결국 그들 자신에게도 "한재/가뭄"이 덮치게 했다. "손으로 수고하는 모든 일 위에 한재가 임했다"는 표현은 이미 6절과 9절 상반절에 언급되어 있는 "무슨 일을 해도 소득이 없는 상태"를 상기시킨다. 한재가 인간의 모든 행위를 완전히 덮어버렸다. 인생의 한재는 하나님의 뜻을 저버린 유다 백성이 자초한 일이다.

4) 성전건축의 권고(학 1:7-8)

학개는 유다 백성에게 이 문제를 해결할 수 있는 새로운 행동 지침을 구체적으로 내린다.

"너희는 산에 올라가서 나무를 가져다가

성전을 건축하라

그리하면 내가 그것으로 말미암아 기뻐하고

또 영광을 얻으리라 여호와가 말하였느니라"(학 1:8).

과거 솔로몬 성전은 "레바논 백향목 재목과 잣나무 재목"(왕상 5:10)
이라는 고급스러운 수입목재로 만들어졌다. 또한 "크고 귀한 돌을 떠
다가 다듬어서 성전의 기초석"(왕상 5:17)을 삼았다. 요즘 말로 하면 솔
로몬의 성전은 이태리 원목과 이태리 대리석으로 만들어진 것이다. 또
한 외국의 전문기술자들이 동원되어 건축되었다. "솔로몬의 건축자와
히람의 건축자와 그발 사람이 그 돌을 다듬고 성전을 건축하기 위하여
재목과 돌들을 갖추니라"(왕상 5:18).

그러나 학개가 여기서 말하는 것은 "레바논 백향목"(스 3:7)이 아니
다. 누구나 쉽게 구할 수 있는 뒷산의 나무다. 게다가 돌도 언급하지 않
는다. 더 나아가 학개의 권고는 건축전문가에게 한 것이 아니고, 평범
한 백성들에게 한 것이다. 학개가 요구하는 성전은 솔로몬의 성전과 같
이 화려하고 고급스러운 성전이 아니었다. "너희 가운데에 남아 있는
자 중에서 이 성전의 이전 영광을 본 자가 누구냐 이제 이것이 너희에
게 어떻게 보이느냐 이것이 너희 눈에 보잘것없지 아니하냐"(학 2:3).

하나님은 경제적인 어려움에 처한 백성들의 상태를 훤히 알고 계신
다. 그래서 그들이 감당하기 어려운 무리한 일을 요구하지 않으신다. 다
만 집 주변의 산에 가서 평범한 나무를 구해다가 그것으로 소박한 성전
을 지으라고 하신다. 하나님께 대한 최소한의 정성을 요구하신 것이다.

그리고 그것을 수행하는 것만으로도 그들에게 두 가지 복이 약속된다.

첫째는 "내가 그것으로 말미암아 기뻐한다"는 약속이다. 여기서 "기뻐하다"(רָצָה '라차')는 예배 때 사용되는 전문술어로서, 희생 제물을 바칠 때 하나님께서 이를 합법적인 제물로 "인정하다/받아들이다"라는 뜻이다. "만일 그 화목제물의 고기를 셋째 날에 조금이라도 먹으면 그 제사는 기쁘게 받아들여지지(רָצָה '라차') 않을 것이라 드린 자에게도 예물답게 되지 못하고 도리어 가증한 것이 될 것이며 그것을 먹는 자는 그 죄를 짊어지리라"(레 7:18).[9] 이는 하나님께 대한 정성만 있다면, 최고급 재료로 치장하지 않아도 하나님께서 합법적인 성전으로 인정해 주신다는 말씀이다.

둘째는 "내가 영광을 얻으리라"는 약속이다. 이 표현은 문자적으로 "나는 나의 영광을 보이리라"로 번역할 수 있다. 즉 야웨께서 새로 건축된 성전에 그의 영광으로 임재하실 것을 약속하신 것이다. 이 말은 성전에 하나님의 임재를 보이며, 또한 하나님이 능력과 자비를 베풀어 주시겠다는 뜻이다. 이 낱말을 내용적으로 본다면 "구원/번영"("이 성전의 나중 영광이 이전 영광보다 크리라 만군의 여호와의 말이니라 내가 이곳에 평강을 주리라 만군의 여호와의 말이니라", 학 2:9), "복"("곡식 종자가 아직도 창고에 있느냐 포도나무, 무화과나무, 석류나무, 감람나무에 열매가 맺지 못하였느니라 그러나 오늘부터는 내가 너희에게 복을 주리라", 학 2:19), "평화"("여러 왕국들의 보좌를 엎을 것이요 여러 나라의 세력을 멸할 것이요

---

9) W. Rodolph, *Haggai-Sacharja 1-8*, Kommentar zum Alten Testament (Gütersloh: Gütersloher Verlagshaus Gerd Mohn, 1976), 34.

그 병거들과 그 탄 자를 엎드러뜨리리니 말과 그 탄 자가 각각 그의 동료의 칼에 엎드러지리라", 학 2:22)를 모두 의미한다. 쉽게 말하면 성전재건이 완수되면 하나님께서 그들에게 전방위적인 복을 주시겠다고 약속하신 것이다.[10]

학개는 단순히 제사적 기능만을 되살리기 위해서 성전을 지으라고 하지 않았다. 하나님이 당신의 백성에게 복을 베풀 수 있도록 성전을 재건하라고 한 것이다. 성전은 축복의 통로이지 무거운 짐이 아니다.[11] 성전재건을 위한 최소한의 관심과 정성을 보여주면 하나님은 그것이 아무리 보잘것없는 성전이라 할지라도, 당신이 거하시는 하나님의 집으로 인정하실 뿐만 아니라 복을 주시겠다고 약속하신다. 이처럼 하나님을 위한 작은 정성의 실천이 엄청난 축복을 불러올 수 있다.

하나님은 우리가 할 수 없는 것을 요구하지 않으신다. 또한 무리한 것을 강요하지도 않으신다. 다만 우리가 그러한 순종을 해본 적이 없어서 힘들어 보이는 것뿐이다. 하나님이 우리에게 요구하시는 것을 믿음으로 실천하면 결국 우리 자신에게 복이 된다. "그런즉 너희는 먼저 그의 나라와 그의 의를 구하라 그리하면 이 모든 것을 너희에게 더하시리라"(마 6:33).

---

10) 차준희/유윤종, 『학개/스가랴/말라기』, 대한기독교서회 창립 100주년 기념(서울: 대한기독교서회, 2006), 65.

11) 송병현, 『요나, 미가, 나훔, 하박국, 스바냐, 학개, 스가랴, 말라기』, 엑스포지멘터리(서울: 국제제자훈련원, 2011), 555.

3. 메시지

1) 가던 길을 멈추어 서서: "너희는 너희의 행위를 살필지니라"(학 1:5)

학개는 극심한 빈곤으로 고통을 당하고 있는 백성들에게 학개 1:5에서 "너희의 행위를 살필지니라"라고 권고한다. 이 말은 문자적으로는 "너희의 가슴/마음을 너희의 길 위에 올려놓아라"이다. 여기서 "가슴/마음"은 "정신적인 인지능력의 기관", 즉 "깨닫는 기관"을 뜻한다. "깨닫는 마음과 보는 눈과 듣는 귀는 오늘까지 여호와께서 너희에게 주지 아니하셨느니라"(신 29:4). 또한 "길"은 "형편"이라고 할 수 있다. 따라서 이 말씀은 "지금의 형편 위에 너희의 가슴을 갖다 대라"는 의미다. 학개는 백성들에게 지금까지의 그들의 생활방식과 현재 곤궁에 처한 형편 사이의 인과관계에 대해 심사숙고하라고 촉구한다.

유다 백성은 현재 자신들이 당하는 고난을 초래하게 된, 지금까지 살아온 날들의 생활태도를 곰곰이 생각해봐야 했다. 우리도 인생의 항로에서 암초를 만났을 때 우선은 가던 길을 멈추고 진지하게 생각해야 한다. 구약성경의 전도자는 이렇게 말한다.

"형통한 날에는 기뻐하고 곤고한 날에는 되돌아 보아라"(전 7:14).

호화 유람선 타이타닉 호는 규정 속도를 무시하고 과속질주한 결과, 좌초하여 바닷속에 가라앉음으로써 수많은 인명을 수장시켰다. 타이타닉 호의 침몰사건은 "멈춤이 없는 인생의 말로"를 잘 대변해준다.

고난은 인간에게 반성문을 요구한다. 학개의 청중들은 하나님을 배제한 상태에서 자신의 사리사욕에만 급급한 삶을 살았다. 결국 그들에게는 삶의 곤궁이라는 판결이 내려졌다. 이제 그들이 해야 할 일은 하나님의 판결을 겸허히 받아들이고 진심으로 뉘우치고 돌이키는 것이다. 혹시 이 책을 읽는 여러분 가운데 예기치 못한 어려움에 봉착하여 고통당하는 분이 있는가. 그런 분이 있다면, 앞만 바라보고 바삐 가던 길을 당장 중단하자! 하나님 앞에서 일단 멈추자! 이 "적절한 멈춤"은 진정으로 과거를 반성하게 한다. 이와 더불어 "적절한 멈춤"은 미래를 위한 재충전의 기회이기도 하다. 하지만 아무 데서나 멈춘다고 다 능사는 아니다. 하나님 앞에서 제대로 멈추어야 한다.

2) 빗나간 열정: "이것이 무슨 까닭이냐?"(학 1:9)

학개 1:4에서는 "너희"라는 말이 무려 세 번이나 언급된다. 이것은 신앙에 대하여는 무관심하면서 자기 것은 열심히 챙기는 이기주의를 고발한 것이다. 성전재건은 18년 동안 중단되어 있었고 하나님의 전은 지붕이 없이, 뚜껑이 휑하니 열린 채 방치되었다. 그렇지만 유다 백성은 "판벽한 집"에 거주하고 있었다. 판벽한 집이란 "지붕이 있는 집"을 말한다. 여기서 "뚜껑 닫힌 백성의 집"과 "뚜껑 열린 하나님의 집"이 두드러지게 대조된다.

성전이 "황폐"(חָרֵב '하레브')한 상태로 버려졌기 때문에 하나님은 사람들의 모든 수고에 대해 "한재"(חֹרֶב '호레브')로 벌을 주실 수밖에 없으셨다. 성전의 황폐함이 삶의 한재를 불러들인 것이다. 좀 더 자세히 말하면, 당시 예루살렘 주민들이 겪은 경제적 어려움은 성전재건에 대한 무관심에서 비롯되었다는 말이다. 하나님의 뜻인 성전재건은 나 몰라라 팽개쳐놓고 자기 삶의 재건을 위해서는 갖은 노력을 다 해도 아무 효과가 없었다. 즉 "헛수고의 저주"에서 벗어날 길이 없었다. 이렇게 볼 때, 성전의 상태가 일상적 삶의 수준을 결정한다. 이처럼 성전과 인간 삶의 경제적 수준을 연동시켜 바라본 통찰력은 학개가 선포한 메시지의 독특함이다.

학개의 가르침에 따르면 성전과 백성은 공동운명체다. 성전의 상태가 언약 백성의 상태를 결정짓는다. 성전을 황폐한 상태로 방치하였기에 백성에게도 그와 동일하게 한재가 임한 것이다. 하나님은 자기 백성이 다른 일을 하나님보다 더 중요하게 여기는 것을 그냥 두고만 보지 않으신다.

3) 우선순위: "성전을 건축하라"(학 1:8)

유다 백성은 하나님을 예배하고 섬기는 신앙적인 면과 인간으로서 먹고 살기 위한 경제적인 면 사이에서 오직 경제적인 면에만 몰두했다. 그들은 자신들의 물리적인 생존과 복지에만 집착하여 하나님에 대한 도리와 그에 따른 우선권을 보지 못했다.

오늘날 우리도 하나님에 대한 의무는 등한시하고 자신의 필요와 경제적 여건만을 우선시하면서 신앙생활을 하고 있는 것은 아닌지 스스로에게 질문해봐야 한다. 사실상 우리는 내 통장의 잔고만 생각하지, 하나님에 대한 우리들의 영적인 게으름에 대해서는 심각하게 고민하지 않는다.

그러나 늘 기억하자. 내 심령의 성전이 놓인 상태와 수준이 내 삶의 상태와 수준과 직결된다는 사실을 말이다. 학개서가 보여주듯이 심령의 성전이 "황폐"(חָרֵב '하레브')하면, 삶도 "한재"(חֹרֶב '호레브')로 가득 채워진다. 그렇다면 성전의 황폐가 거두어져야 삶의 한재도 거두어질 것이다. 이 원리를 망각하고 성전을 황폐하게 방치한 채로 삶의 한재만을 없애려고 몰두하는 것은 무익한 몸부림(헛수고의 저주)에 불과하다. 인생이란 제아무리 열심히 일을 해도 하나님께서 때를 따라 비를 내려주셔야만 결실의 복을 얻는 것이다.

> "여호와께서 너를 위하여 하늘의 아름다운 보고를 여시사 네 땅에 때를 따라 비를 내리시고 네 손으로 하는 모든 일에 복을 주시리니 네가 많은 민족에게 꾸어줄지라도 너는 꾸지 아니할 것이요"(신 28:12).

우리 손으로 하는 일에 하나님이 복을 주셔야만 풍성한 결실을 맺는다. 그래서 삶의 우선순위를 분명히 해야 한다. 우리의 우선순위는 당연히 우리의 욕심이 아니라 오직 하나님께만 맞추어져야 한다. 당시 성전재건이 백성들의 영적 상태를 보여주는 척도였듯이, 하나님의 일에 대한 우리의 관심은 곧 우리들의 영적 상태를 측정하는 계기판 역할을 한다.[12]

내 심령이 하나님을 얼마나 향하고 있는지
그 수준만큼 하나님이 내 삶을 향하고 계신다.

---

12) 권혁승, 『학개의 신앙과 신학: 학개서 주석적 연구』(서울: 프리칭아카데미, 2010), 118.

내 심령이 하나님의 뜻을 얼마나 헤아리는지
그 수준만큼 하나님이 내 삶을 헤아리신다.

내 심령에 하나님이 차지하는 비율이 얼마나 되는지
그 수준만큼 하나님의 마음에 우리가 자리한다.

내 안에 하나님이 계시면
그 하나님이 내 일을 책임지신다.

하나님을 외면하고 오늘 하루도 자신의 일에만 분주하게 살고 있는
가. 이는 빗나간 열정이며, 이기적인 몸부림이며, 열매 없이 잎만 무성하
다 결국은 저주받아 죽은 무화과나무와 같은 인생이다. 그런 비극적인
삶에서 벗어나기 위해 예수의 제자들은 예수에게 미친 광인이 되어야
한다. "광인은 예수 때문에 미치고(狂人), 예수 때문에 빛난다(光人)."[13]
지금 당장 (나무를 거두러) 뒷산으로 올라가지 않겠는가?

---

13) 김대조, 『나는 죽고 교회는 살아야 한다: 광인 옥한흠』(서울: 두란노, 2012).

11장
스가랴,
"무능이 전능을 이긴다!"

"겸손하여서 나귀를 타시나니"

(슥 9:9-10)

스가랴는 주전 520-518년 어간에 바빌로니아로부터 귀환하여 예루살렘에 살고 있었던 유다 사람들을 상대로 활동하였다. "다리오 왕 제이년 여덟째 달에 여호와의 말씀이 잇도의 손자 베레갸의 아들 선지자 스가랴에게 임하니라 이르시되"(슥 1:1). 다리오 왕 2년이면 주전 520년을 말한다. 또한 스가랴의 활동시기에 대한 언급 가운데 가장 후기에 속한 본문인 "다리오 왕 제사년 아홉째 달 곧 기슬래월 사일에 여호와의 말씀이 스가랴에게 임하니라"(슥 7:1)에서 다리오 왕 4년이면 주전 518년을 가리킨다. 따라서 스가랴는 주전 520-518년에 활동했으리라고 추정된다.[1]

스가랴 1:1에서 스가랴는 "잇도의 손자 베레갸의 아들"로 소개된다. 느헤미야 12장은 포로지에서 귀환한 사람들 가운데 있던 제사장들과 레위 사람들의 명단을 소개하고 있다. "잇도 족속에는 스가랴요 긴느돈 족속에는 므술람이요"(느 12:16). 이곳에 소개된 "잇도 족속의 스가랴"라는 이름이 예언자 스가랴를 가리키는 것으로 보인다. 그렇다면 스가랴는 포로지에서 귀환한 인물이며, 유력한 제사장 가문에 속한 상류층 계급의 일원이었을 것이다. 이때문에 스가랴는 당시 최고 종교지도자인 대제사장 여호수아에게 개인적으로 접근할 수 있었고(슥 6:9-12), 최

---

1) 베르너 H. 슈미트, 『구약성서 입문』, 차준희/채홍식 역(서울: 대한기독교서회, 2007), 379.

고 정치지도자인 총독 스룹바벨과도 사적으로 만날 수 있었던 것 같다 (슥 4:6).

스가랴는 학개보다 두 달 정도 늦게 예언자 활동을 시작해서 대략 석 달가량 그와 사역 기간이 겹친다. 그 이후 여러 해에 걸쳐 독자적으로 더 활동한 것으로 보인다. 학개가 하나님을 최우선권에 둘 것을 촉구함으로써 종교적 각성을 불러일으켰다면, 스가랴는 동족들의 성실성에 호소하면서 미래에 대한 약속을 선포함으로 학개가 시작한 운동을 더욱 심화시켰다. 스가랴도 선배 예언자 학개와 같이 주로 성전재건에 관여했지만, 그는 학개보다 더 멀리 종말론적 희망까지 내다보았다. 스가랴서의 중심 주제는 "시온의 구원과 회복"이다.[2] 스가랴서는 물질적 어려움과 고통으로 인해 깊은 회의와 절망감에 빠진 공동체에게 희망을 불어넣는다. 구체적으로는 성전의 재건축과 합당한 예배의 복구가 바로 구원의 길을 여는 방정식이라고 말한다.

1. 스가랴 9:9-10의 배경과 구조

스가랴가 활동하던 포로기 이후(주전 539년 이후) 당시 유다 백성의 삶은 경제적·사회적·정치적, 그리고 신앙적 위기의 연속이었다. 백성들은 예언자들이 예언했던 미래의 소망과 현재의 고난 사이에서 고통스러운 나날을 보내야 했다. 포로지 바빌로니아에서 돌아온 사람들은 자

---

2) 차준희, 『예언서 바로 읽기: 차준희 교수의 평신도를 위한 구약특강』(서울: 성서유니온선교회, 2013), 263.

신들이 기대했던 조국의 영광이 아직 실현되지 못한 현실에 깊은 실망감을 느꼈다. 이와 더불어 언약 공동체의 야웨 하나님을 향한 신앙적인 결속력도 갈수록 약화될 수밖에 없었다. 이런 위기 속에서 스가랴는 하나님으로부터 받은 말씀으로 새로운 돌파구를 제시한다. 스가랴 9:9-10은 새로운 미래를 여는 새로운 통치자인 "메시아"를 예고하는 본문이다. 아마도 이 본문은 오직 하나님에게만 의존하는 평화의 왕에 대하여 명백하게 선포하는 구약성경에 나타난 최초의 메시아 본문일 것이다.[3]

스가랴 9:9-10의 구조는 다음과 같이 두 부분으로 나눌 수 있다.

> 9절: 메시아적 왕의 인간적 특징
> 10절: 메시아적 왕의 통치적 특징

2. 스가랴 9:9-10의 본문 풀이

1) 메시아적 왕의 인간적 특징(슥 9:9)

> "시온의 딸아 크게 기뻐할지어다
> 예루살렘의 딸아 즐거이 부를지어다
> 보라 네 왕이 네게 임하시나니
> 그는 공의로우시며 구원을 베푸시며

---

3) Ina Willi-Plein, *Haggai, Sacharja, Maleachi*, Zürcher Bibelkommentare (Zürich: Theologischer Verlag, 2007), 164.

겸손하여서 나귀를 타시나니

나귀의 작은 것 곧 나귀 새끼니라"(슥 9:9).

이 단락은 메시아가 다스릴 평화의 왕국에 대하여 말하고 있다. 스가랴 9:9에서 "시온의 딸"과 "예루살렘의 딸"이라는 표현구는 시온과 예루살렘에 거주하는 사람들을 의인화한 것이다. 이러한 도시의 의인화는 다른 곳에서도 흔히 나타난다.

"시온의 딸아 노래할지어다

이스라엘아 기쁘게 부를지어다

예루살렘 딸아 전심으로 기뻐하며 즐거워할지어다"(습 3:14).

이 구절은 시온과 예루살렘을 향해 기뻐하고 즐거워하라는 명령으로 시작한다. "시온의 딸아 크게 기뻐할지어다"와 "예루살렘의 딸아 즐거이 부를지어다"라는 표현구들은 양식(form)으로 구분하면 "즐거움의 촉구"(Aufruf zur Freude)에 해당한다.[4] 이러한 양식은 다음의 구절에서 보는 바와 같이 전령관의 입으로 전달된다.

"아름다운 소식을 시온에 전하는 자여

너는 높은 산에 오르라

---

4) H. G. Reventlow, *Die Propheten Haggai, Sacharja und Maleachi*, ATD (Göttingen: Vandenhoeck & Ruprecht, 1993), 95.

아름다운 소식을 예루살렘에 전하는 자여

너는 힘써 소리를 높이라

두려워하지 말고 소리를 높여

유다의 성읍들에 이르기를

너희의 하나님을 보라 하라"(사 40:9).

스가랴는 전령관의 입장에서 예루살렘으로 입성하는 메시아적 왕을 향하여 기뻐하고 즐거워하라고 권고하고 있다. 메시아적 왕에게는 세 가지 특징이 있다. 첫째, 그는 공의로운 분이시다. 둘째, 그는 구원을 받은 분이시다. 셋째, 그는 겸손한 분이시다. 이러한 메시아적 왕(the Messianic King)의 인간적 특징에 대하여 좀 더 자세히 살펴보자.

첫째, 그는 공의로운 분이시다. 장차 오실 메시아적 왕은 공의로 통치하실 것이다. "공의로운"은 히브리어로 "차디크"(צַדִּיק)다. 이 단어는 "공정한/올바른"이라는 뜻이다. "차디크"(צַדִּיק)는 이스라엘의 이상적인 왕의 통치를 가리키는 말이다.

"이스라엘의 하나님이 말씀하시며 이스라엘의 반석이 내게[다윗] 이르시기를 사람을 공의로(צַדִּיק '차디크') 다스리는 자, 하나님을 경외함으로 다스리는 자여"(삼하 23:3).

"하나님이여 주의 판단력을 왕에게 주시고

주의 공의(צֶדֶק '체데크')를 왕의 아들에게 주소서

그가 주의 백성을 공의(צֶדֶק '체데크')로 재판하며

주의 가난한 자를 정의로 재판하리니"(시 72:1-2).

이스라엘의 이상적인 왕은 공의로우신 야웨 하나님을 대신하여 이 땅에 하나님의 공의를 수행하는 자다. 예레미야도 다윗의 후손으로 도래할 메시아적 왕과 그의 통치의 특징을 "차디크"(צַדִּיק)와 연결하고 있다.

"여호와의 말씀이니라 보라 때가 이르리니
내가 다윗에게 한 의로운(צַדִּיק '차디크') 가지를 일으킬 것이라
그가 왕이 되어 지혜롭게 다스리며
세상에서 정의(מִשְׁפָּט '미쉬파트')와 공의(צְדָקָה '체다카')를 행할 것이며
그의 날에 유다는 구원을 받겠고 이스라엘은 평안히 살 것이며
그의 이름은 여호와 우리의 공의(צִדְקֵנוּ '치드케누')라 일컬음을 받으리라"
(렘 23:5-6).

둘째, 그는 구원을 받은 분이시다. 우리말 성경은 "구원을 베푸시며"라고 나와 있다. 그러나 이 단어는 히브리어 동사형(니팔형)에 따라서 "구원받다"라는 수동적 의미로 번역해야 한다.[5] 이 단어는 다른 사람이나 하나님에 의해 구원받는 자를 가리킬 때 사용된다.

"내가 찬송 받으실 여호와께 아뢰리니
내 원수들에게서 구원을 받으리로다"(삼하 22:4).

---

5) 장세훈, 『내게로 돌아오라: 스가랴서 주해와 현대적 적용』(서울: SFC, 2007), 322.

"16 많은 군대로 구원 얻은 왕이 없으며

용사가 힘이 세어도 스스로 구원하지 못하는도다

17 구원하는 데에 군마는 헛되며

군대가 많다 하여도 능히 구하지 못하는도다"(시 33:16-17).

그러므로 메시아적 왕은 스스로의 힘과 노력이 아니라, 철저히 하나님께 의지하는 가운데 그의 사역을 감당할 것이다. 그는 야웨에 의해서 구원받을 것이다.[6]

셋째, 그는 겸손한 분이시다. 여기서 "겸손한"(עָנִי '아니')이라는 단어는 본래 문자적으로는 "가난한"이라는 뜻이다. 여기서 이 단어는 물질적으로 "가난한"이라는 의미보다는 정신적으로 "겸손한"이라는 의미로 사용된 것으로 보인다.[7] 또한 이 단어는 모세의 온유함을 가리킬 때 쓴 용어와도 같다.

"이 사람 모세는 온유함(עָנָו '아나브')이 지면의 모든 사람보다 더하더라"(민 12:3).

메시아적 왕은 하나님의 구원의 수혜자이기 때문에, 그 메시아는 또한 겸손한 자다. 메시아의 삶은 오직 하나님의 손에서만 좌우된다. 그의 통치의 성공 여부도 전적으로 하나님의 손에 달려 있다. 여기서

6) 랄프 스미드, 『미가-말라기』, WBC성경주석, 채천석/채훈 역(서울: 솔로몬, 2001), 365.

7) H. G. Reventlow, *Die Propheten Haggai, Sacharja und Maleachi*, ATD (Göttingen: Vandenhoeck & Ruprecht, 1993), 95.

메시아의 겸손한 모습은 자신을 방어하는 데 있어서, 또한 직무와 통치를 수행하는 데 있어서 전적으로 하나님을 의지하고 있음을 나타낸다. 이런 메시아적 왕의 권세는 인간적으로 볼 때는 매우 약해 보이지만, 보이지 않는 전능한 신적 용사에 의해서 지탱되고 있다.[8]

이 메시아적 왕은 나귀를 탄다. 나귀는 사람이 탈 수 있는 동물이며, 분수를 잘 알고, 빠르고, 온순하여 말보다 더 일찍부터 이동 수단으로 사용되어왔다.[9] 메시아적 왕은 다른 왕들과는 다르게 화려한 군마(軍馬)가 아닌, 나귀 그것도 새끼 나귀를 탄다. 여기서 나귀는 두 가지 의미가 있다. 첫째, 나귀는 겸손을 암시한다. 백성들의 환호를 받으며 왕이 행렬할 때, 메시아적 왕은 군국주의를 암시하는 군마 대신 겸손을 암시하는 나귀를 타고 오신다. 둘째, 나귀는 예고된 메시아가 타고 오는 수단이기도 하다. 이 진술은 창세기 49:10-11에 예고된 메시아적 인물과 연관된다.[10]

"10 규가 유다를 떠나지 아니하며 통치자의 지팡이가 그 발 사이에서 떠나지 아니하기를 실로가 오시기까지 이르리니 그에게 모든 백성이 복종하리로다 11 그의 나귀를 포도나무에 매며 그의 암나귀 새끼를 아름다운 포도나무에 맬 것이며 또 그 옷을 포도주에 빨며 그의 복장을 포도즙에 빨리로

8) 엘리자베스 악트마이어, 『나훔-말라기』, 현대성서주석, 민경진 역(서울: 한국장로교출판사, 2002), 231.

9) Ina Willi-Plein, *Haggai, Sacharja, Maleachi*, Zürcher Bibelkommentare (Zürich: Theologischer Verlag, 2007), 163.

10) 엘리자베스 악트마이어, 『나훔-말라기』, 현대성서주석, 민경진 역(서울: 한국장로교출판사, 2002), 228.

다"(창 49:10-11).

이 구절은 야곱이 그의 열두 아들 중 유다에 관해 예언하면서 유다의 후손으로 나타날 메시아적 인물을 묘사하는 말씀이다. 여기서 야곱은 유다의 후손 가운데 나귀 새끼를 탈 왕이 태어날 것을 미리 예고하고 있다.[11]

스가랴가 예언하고 있는 메시아는 온 열방을 다스릴 메시아적 위엄을 지닌 왕으로 오시지만, 그분은 나귀 새끼를 타는 비천한 신분으로 등장할 것이다. 이 메시아는 거만하거나 방자하거나 허풍을 떠는 분이 아니라 온유하고 겸손한 분이시다.[12] 이처럼 장차 오실 메시아적 왕은 공의롭고, 구원을 받은 분이며, 겸손하게 나귀를 타고 오시는 분이다.

2) 메시아적 왕의 통치적 특징(슥 9:10)

"내가 에브라임의 병거와 예루살렘의 말을 끊겠고
전쟁하는 활도 끊으리니
그가 이방 사람에게 화평을 전할 것이요
그의 통치는 바다에서 바다까지 이르고
유브라데 강에서 땅 끝까지 이르리라"(슥 9:10).

---

11) 송병현, 『요나, 미가, 나훔, 하박국, 스바냐, 학개, 스가랴, 말라기』, 엑스포지멘터리(서울: 국제제자훈련원, 2011), 692.

12) D. L. Petersen, *Zechariah 9-14 and Malachi*, The Old Testament Library (Louisville, Kentucky: Westminster John Knox Press, 1995), 58.

스가랴 9:10은 메시아적 왕의 통치적 특징을 세 가지로 보여준다. 첫째, 하나님이 메시아적 왕과 더불어 때로 신비스러운 방식으로 전쟁 무기를 파괴할 것이다. 둘째, 메시아적 왕이 이방 사람에게 화평을 전할 것이다. 셋째, 메시아적 왕이 온 땅을 통치할 것이다.

첫 번째, 메시아적 왕을 보내신 하나님께서 먼저 전쟁 무기를 파괴하고 제거하신다. "병거", "말", "활"은 모두 전쟁의 필수 무기들이다. 이런 무기들이 제거된다는 것은 전쟁의 종식을 의미한다.

"그가 땅 끝까지 전쟁을 쉬게 하심이여

활을 꺾고 창을 끊으며 수레를 불사르시는도다"(시 46:9).

북 이스라엘을 상징하는 에브라임과 남 유다를 상징하는 예루살렘의 무장해제는 양 진영 간의 전쟁이 종식되는 것을 뜻한다. 나아가 이는 분열된 두 왕국의 새로운 화합과 연합을 암시하기도 한다. 메시아적 왕을 보내신 하나님은 모든 폭력을 종식시키시고, 분열과 반목을 치유하시며, 새로운 연합으로 이끌어주실 것이다.

두 번째, 메시아적 왕은 이방 사람에게 화평을 전하신다. 곧 메시아적 왕은 이방 사람들에게 "샬롬"(שׁלום)을 전함으로 다툼과 분열의 사회를 "샬롬"(שׁלום)의 상태로 변화시킬 것이다. "샬롬"(שׁלום)이란 "축복", "온전함"을 뜻한다. 이 말씀은 이사야 2:4과 미가 4:3의 예언과 일치한다.

"그가 열방 사이에 판단하시며 많은 백성을 판결하시리니

무리가 그들의 칼을 쳐서 보습을 만들고

그들의 창을 쳐서 낫을 만들 것이며

이 나라와 저 나라가 다시는 칼을 들고 서로 치지 아니하며

다시는 전쟁을 연습하지 아니하리라"(사 2:4).

"그가 많은 민족들 사이의 일을 심판하시며

먼 곳 강한 이방 사람을 판결하시리니

무리가 그 칼을 쳐서 보습을 만들고

창을 쳐서 낫을 만들 것이며

이 나라와 저 나라가 다시는 칼을 들고 서로 치지 아니하며

다시는 전쟁을 연습하지 아니하고"(미 4:3).

따라서 예루살렘 한복판에서부터 시작된 메시아적 왕의 통치가 전 세계로 확대된다.

세 번째, 메시아적 왕은 온 땅을 통치하신다. 장차 도래할 메시아적 왕의 통치 영역은 바다에서 바다까지, 그리고 유프라테스 강에서 땅 끝까지 이를 것이다. 여기서 "바다에서 바다까지"라는 표현은 땅이 사면의 물로 둘러싸여 있다고 보았던 고대의 세계관에서 비롯된 것으로,[13] 전 세계를 가리킨다고 할 수 있다. 메시아적 왕의 통치 영역은 온 땅에 미칠 것이다. 이 왕은 온 땅을 다스리는 우주적 왕권을 수행할 것이다. 메시아의 통치가 미치지 못하는 사각지대는 단 한 뼘도 없다. 메시아의

---

13) H. G. Reventlow, *Die Propheten Haggai, Sacharja und Maleachi*, ATD (Göttingen: Vandenhoeck & Ruprecht, 1993), 96.

통치는 모든 지역과 장소에서 실행된다.

새로 도래할 메시아적 왕은 하나님이 먼저 전쟁을 종식시키시고 난 후 평화의 왕으로 오셔서 온 땅에 그 평화를 실현하는 통치를 행하실 것이다.

3. 메시지

스가랴 9:9-10이 전하는 메시아는 평화의 왕으로 오실 "무능한 메시아"다. 이 메시아는 자신의 힘이 아닌 하나님의 도움을 힘입어 승리한다. 그리고 평화를 성취하는 왕으로 백성들의 열렬한 환영을 받는다.

이 본문은 "승전 행렬"을 그리고 있다. 전쟁에서 승리한 왕이 큰 백마를 타고 화려하고 당당하게 왕궁으로 입성하는 장면을 묘사한 것이다. 원래 전쟁에서 이기고 돌아오는 왕은 멋진 백마를 타고 위풍당당하게 들어온다. 그런데 여기서 말하고 있는 메시아적 왕은 백마를 타고 입성하지 않고 촐랑대는 나귀 새끼를 타고 들어온다고 하니 이 얼마나 웃기는 장면인가!

앞으로 오실 "새로운 메시아"는 작은 나귀 새끼를 타고 오실 것이다. 여기서 "군마"(軍馬)는 "오만과 전쟁"을 상징하고, "나귀 새끼"는 "겸손과 평화"를 상징한다. 그래서 이것은 새로운 메시아가 평화의 왕으로 오실 것을 말해주고 있다.

기독교인이라면 누구나 잘 알고 있듯이 이 본문은 마태복음 21:1-11에서 예수님이 종려주일에 나귀를 타고 예루살렘으로 입성하심으로 성취된다. 교회는 스가랴의 예언이 예수님의 예루살렘 입성으로 성취되었다고 본다. 예수님은 고난주간 전(前), 예루살렘에 입성하기 위해 먼저 제자들을 도성으로 보내 나귀를 가져오라고 명령하신다. 그리고 이 나귀를 타고 예루살렘으로 입성하신 예수님은 백성들로부터 다음과 같은 환영의 목소리를 듣는다.

"앞에서 가고 뒤에서 따르는 무리가 소리 높여 이르되
호산나 다윗의 자손이여 찬송하리로다
주의 이름으로 오시는 이여 가장 높은 곳에서 호산나 하더라"(마 21:9).

분명 예수님 시대의 백성들은 예수님을 다윗과 같은 왕이자 메시아적 인물로 보았던 것 같다. 그들은 새로운 메시아가 오시면 로마의 압제를 무력으로 쳐부수고 유다에게 해방과 평화의 날을 선물할 것으로 기대했다. 그런데 예수 그리스도는 악을 정복하고 하나님 나라를 이루는 승리의 왕으로 오신 것은 맞지만, 예수 그리스도의 승리는 인간의 기대와는 달리 십자가의 고난과 희생을 통해 완성되었다. 그래서 나귀를 타신 예수님의 예루살렘 입성은 "승리의 입성"이라기보다는 "고난의 입성"임을 암시한다.[14] 당시 유대인들은 "권능의 메시아"를 기대했지만 예수님은 겸손하고 "무능한 메시아"로 오신 것이다.

기독교에서는 이 메시아가 세상에 주는 평화가 예수님의 선교 명령을 수행함으로 성취된다고 해석한다. 곧 마태복음 28:18-20에서 말씀하고 있는 선교 명령의 실행을 통해 하나님의 평화의 나라가 열방으로

---

14) 장세훈, 『내게로 돌아오라: 스가랴서 주해와 현대적 적용』(서울: SFC, 2007), 331.

확장된다고 본다.

> "18 예수께서 나아와 말씀하여 이르시되 하늘과 땅의 모든 권세를 내게 주
> 셨으니 19 그러므로 너희는 가서 모든 민족을 제자로 삼아 아버지와 아들과
> 성령의 이름으로 세례를 베풀고 20 내가 너희에게 분부한 모든 것을 가르쳐
> 지키게 하라 볼지어다 내가 세상 끝날까지 너희와 항상 함께 있으리라 하
> 시니라"(마 28:18-20).

스가랴의 예언이 예수님의 초림(初臨)으로 인해 부분적으로 성취된
것은 사실이나 그것이 아직 완전히 성취되지는 않았다. 종말에 예수님
이 재림(再臨)하실 때 비로소 이 예언이 완전히 성취될 것이다. 유대교
는 권능 있는 메시아적 인물을 고대한 탓에 예수님을 진정한 메시아로
알아보지 못했다. 그리하여 유대교는 예수님을 고작 여러 명의 예언자
가운데 특출난 예언자로 간주하는 데서 그친다. 그러나 우리 기독교는
예수님을 메시아로 고백한다. 그런데 그 메시아는 구약에서 예언된 "무
능한 메시아"다.

하나님은 스가랴 9:10의 말씀에서 "무력"(武力)을 "무력화"(無力化)
시키겠다고 하신다. 그분은 전쟁에서 사용되는 모든 병기(병거와 말과
활)를 무력화시킴으로 평화를 이루실 것이다. 그런데 스가랴 9:9에서
말하고 있는 이 왕은 "겸손한 왕"이고 "공의로운 왕"이며 또한 "평화의
왕"이다. 그리고 "구원을 받은 자"다. 여기서 말하고 있는 이 지도자는
가공할 만한 "무력(武力)을 갖춘 메시아"가 아니라 너무도 "무기력(無氣
力)한 메시아"다. 하나님은 무기력한 메시아를 통해서 무력(武力)을 무

력화(無力化)시키신다.

우리는 이것을 예수님의 십자가 사건을 통해 알 수 있다. 예수님은 아무 힘도 없이 십자가에 달려 돌아가셨다. 하지만 역설적이게도 그분의 무기력(無氣力)은 사탄과 악의 "가공할 무력(武力)"을 "무능한 무력(無力)"으로 만들었다.

무력(武力)은 무력(武力)으로 무력(無力)화되지 않는다.
무력(武力)은 무력(無力)으로 무력(無力)화될 수 있다.

그래서 십자가는 칼과 창 같은 무기(武器)가 아니라 무력(無力)을 상징한다. 예수님이 겟세마네 동산에서 기도하고 내려오실 때, 베드로는 예수님을 체포하러 온 로마병사들을 향해 칼을 꺼내들었지만 예수님은 베드로에게 무력(武力)을 사용하지 말라고 하셨다. 그리고 베드로에게 이렇게 말씀하셨다.

"⁵²네 칼을 도로 칼집에 꽂으라 칼을 가지는 자는 다 칼로 망하느니라 ⁵³너는 내가 내 아버지께 구하여 지금 열두 군단 더 되는 천사를 보내시게 할 수 없는 줄로 아느냐"(마 26:52-53).

예수님은 어떠한 무력(武力)도 사용하지 않으시고, 지독히도 무기력하게 끌려가셨고 결국 십자가에 달리셨다. 그런데 그 무기력해 보였던 십자가가 바로 세상의 모든 무력(武力)을 무장해제시키고 이 땅을 평화의 나라로 만들었다. 예수님은 무력(武力)을 무력(武力)으로 대항하지 않으셨다. 그분은 무력(武力)을 무력(無力)으로 대항하셨다. 이것이 우리가 감히 상상조차 할 수 없었던 "십자가의 능력"이다. 그렇기에 우리가 따르는 예수님은 힘을 과시하지 않는 분이시고, 오히려 힘을 내려놓는 분이시다. 힘을 내려놓음으로 말미암아 상대의 힘도 무력화시키는 것이 바로 "십자가의 방법"이다. 그것이 진정한 메시아의 모습이었다.

예수님은 힘과 권력이 아닌 겸손과 고난을 통해서 승리하신 분이시다. 예수님이 선포하신 하나님 나라는 세속적인 힘과 권력이 아닌, 사랑과 평화와 희생을 통해 이루어지는 나라다. 우리는 여기서 신약학자 톰 라이트(N. T. Wright)의 진술을 귀담아 들을 필요가 있다.

> "갈릴리 사람 유다로부터 시몬 벤 코시바에 이르기까지 예수 당시 하나님 나라를 선포했던 그 밖의 다른 인물들과는 달리, 예수는 하나님 나라의 길은 평화의 길, 사랑의 길, 십자가의 길이라고 선포했다. 원수의 무기들로 하나님 나라의 싸움을 싸우는 것은 우리가 이미 그 하나님 나라를 원칙적으로 상실하였다는 것, 그리고 그 나라를 곧 상실하고 있다는 것을 의미하는 것이었다."[15]

옳은 말이다. 악의 세력을 향한 비폭력 저항은 적에게 "도덕적 타격을 가하여 사기를 약화시키고 양심을 자극하여 상대방을 무력화시킬 수 있는 효과적인 무기"다. 칼로 평화가 오는 것이 아니라 칼을 내려놓

---

15) N. T. 라이트, 『예수와 하나님의 승리』, 박문재 역(고양: 크리스챤다이제스트, 2004), 900.

음으로써 평화가 시작되는 것이다. 손에 칼을 쥔 순간부터 인간은 하나님이 아니라 칼을 믿는 자가 된다. 칼을 쥔 손은 그 입술과 마음까지도 함께 칼로 변한다. 그래서 여차하면 상대를 찌르고 거기서 쾌감을 느낀다. 그렇기 때문에 교회가 검을 신뢰하면 십자가를 잃게 된다. 교회가 십자군을 구축하면 십자가는 사라진다. 예수의 제자가 힘을 의지할 때 예수는 사라진다.[16]

> 십자가는 "힘 있음"이 아니다. 십자가는 "힘없음"이다.
> 십자가는 "힘 줌"이나 "힘 쥠"이 아니다. 십자가는 "힘 놓음"이다.
> 왜 인생이 힘든가? 힘을 들고 살아서 그렇다.
> 힘들지 않으려면 어떻게 하면 될까? 힘을 들지 말고 힘을 놓고 살면 된다.
> 힘을 들고 사는 삶이 아니라 힘을 놓는 삶!
> 세상은 힘이 있어야 한다고 가르친다.
> 그러나 성경은 힘없이 살아야 한다고 가르친다.

예수 그리스도를 메시아로 믿고 따르던 초대교회는 힘으로 지배하고 군림하는 "세상적인 논리"나 "십자군의 논리"가 아닌, 힘을 내려놓고 섬기고 희생하는 "십자가의 논리"를 실천함으로써 세상의 방식으로는 상상할 수 없는 참된 평화를 만들어갔다.

우리도 그래야 한다. 무릇 그리스도인들은 강자의 힘의 논리가 판

---

16) 차준희, 『예언서 바로 읽기: 차준희 교수의 평신도를 위한 구약특강』(서울: 성서유니온선교회, 2013), 267.

을 치는 세상 한복판에서 예수 그리스도의 십자가의 사랑과 섬김만이 궁극적인 평화를 성취할 수 있음을 깨닫고 이를 몸과 마음으로 실천하며 살아갈 수 있어야 한다. 우리가 사는 동안 이 땅을 더 좋은 세상으로 만드는 것이 진짜 의미 있는 인생이 아닐까? 여기서 좋은 세상이란 하나님 나라를 뜻하기도 한다. 그 하나님 나라는 물리적인 힘을 가지고 만드는 세상이 아니다. 오히려 그 나라는 힘의 부재를 통해 만드는 세상이다. 인간의 모든 힘을 내려놓는 곳에서 비로소 하나님의 나라가 시작된다.

12장

말라기,
"하나님의 것을 도둑질하는 자 누구인가"

"사람이 어찌 하나님의 것을 도둑질하겠느냐"

(말 3:6-12)

예언자 말라기에 대해서는 알려진 바가 전혀 없다. "말라기"는 히브리어로 "나의 사자"(מַלְאָכִי '말르아키', my messenger, 말 3:1)라는 뜻이다. 따라서 "말라기"라는 명칭이 예언자의 실제 이름인지 아니면 단순히 "나의 사자"(메신저)를 가리키는 보통명사인지는 여전히 논쟁거리다. 최근의 경향은 말라기를 예언자의 고유한 이름으로 보는 쪽으로 기울고 있다.

말라기서에 보면 페르시아의 "총독"이 언급된다(말 1:8). 페르시아 제국은 주전 539-333년까지 존속했기 때문에, 여기서 페르시아 총독의 언급은 예언자 말라기의 활동시기가 포로기 이후(주전 539년 이후)라는 사실을 알려준다. 또한 말라기 1:10에 전제된 성전은 주전 515년에 봉헌된 스룹바벨 성전을 가리키는 것으로 이러한 연대 설정을 뒷받침한다(참조. 말 3:1, 8). 따라서 말라기는 여러 가지 정황으로 보아 주전 5세기 전반기나 혹은 4세기 후반기에 등장한 듯하다.[1] 아무튼 말라기는 활동연대 추정이 가능한 문서 예언자들 가운데서 가장 마지막에 활동한 예언자다.

이 당시는 학개와 스가랴가 성전재건과 결부시켜서 예고했던 축복들이 물거품되면서, 사회 전체에 무관심과 환멸의 분위기가 가득했다.

---

1) 베르너 H. 슈미트, 『구약성서 입문』, 차준희/채홍식 역(서울: 대한기독교서회, 2007), 389.

12장 • 말라기, "하나님의 것을 도둑질하는 자 누구인가"

야웨 하나님에 대한 예배는 변질되어 껍데기만 남았고, 제사장들이 자기 직임을 성실하게 수행하지 않은 까닭에 하나님의 율법 역시 거의 무시되었다(말 1:6-2:9). 이때는 전반적으로 야웨 하나님에 대한 환멸과 체념, 불손한 태도로 말미암아 종교적인 아노미 현상이 팽배했던 시대였다.[2]

말라기서는 영적 불신이 가득 찬 시대에, 그럼에도 하나님께서 축복과 구원의 약속을 충실히 이행하실 것이며, 이는 전적으로 개인의 순종과 경건에 달려 있음을 강조한다(말 3:16-18).

1. 말라기 3:6-12의 배경과 구조

말라기 시대에 선배 예언자들, 특히 학개(주전 520년)와 스가랴(주전 520-518년)가 예고한 예루살렘 성전재건 이후의 놀라운 변화가 아직 일어나지 않았다. 따라서 당시 백성들 사이에서는 낙심과 절망이 가득했다.

"주께서 어떻게 우리를 사랑하셨나이까"(말 1:2).

당시의 야웨 하나님에 대한 예배는 변질되어 겉으로만 형식을 갖추고 있을 뿐이었다.

---

2) 차준희/유윤종, 『학개/스가랴/말라기』, 대한기독교서회 창립 100주년 기념(서울: 대한기독교서회, 2006), 420.

"너희가 더러운 떡을 나의 제단에 드리고도 말하기를
우리가 어떻게 주를 더럽게 하였나이까 하는도다"(말 1:7).

하나님의 율법은 가급적 무시되거나 지켜지지 않았다.

"너희가 내 길을 지키지 아니하고
율법을 행할 때에 사람에게 치우치게 하였으므로"(말 2:9).

결국 그들은 하나님을 멸시하기에 이른다.

"하나님을 섬기는 것이 헛되니
만군의 여호와 앞에서 그 명령을 지키며
슬프게 행하는 것이 무엇이 유익하리요"(말 3:14).

이러한 역사적 상황에서 본문이 나왔다. 말라기서는 전체적으로 하나님을 대변하는 예언자 말라기와 이스라엘 백성 간의 논쟁으로 구성되어 있다. 하나님이 예언자 말라기를 통하여 한 말씀을 하시면 거기에 대해 백성들이 한 마디도 지지 않고 또박또박 말대꾸로 응대한다.

예언자의 주장:
"너희 조상들의 날로부터 너희가 나의 규례를 떠나 지키지 아니하였
도다 그런즉 내게로 돌아오라 그리하면 나도 너희에게로 돌아가리
라"(말 3:7a).

백성의 이의:

"우리가 어떻게 하여야 돌아가리이까"(말 3:7b).

예언자의 주장:

"사람이 어찌 하나님의 것을 도둑질하겠느냐"(말 3:8a).

백성의 이의:

"우리가 어떻게 주의 것을 도둑질하였나이까"(말 3:8b).

예언자의 주장에 대한 근거:

"이는 곧 십일조와 봉헌물이라"(말 3:8b).

말라기 3:6-12의 구조는 다음과 같다.

6절: 하나님의 불변의 사랑과 이스라엘의 변함없는 배반

7절: 지속된 불순종의 역사로 무디어진 양심

8절: 하나님의 것을 도적질하는 사람들

9-10절: 없어서 못한 것이 아니라 안 드려서 없어진 것

11-12절: 모든 이방인이 너희를 복되다 하리라

　　말라기 3:6-12은 유명한 "십일조 도둑질" 본문이다. 그러나 사실 이 단락의 중심 주제는 십일조 자체가 아니고, "회개에 관한 논쟁"이다. 다만 회개의 가시적 표시로서 십일조와 봉헌물이 언급되고 있을 뿐이다. 말라기는 하나님의 신실한 사랑과 이스라엘 백성의 끝없는 배신을 대조시킨다(6절). 그러나 백성들은 말라기의 비판을 수용하지 않는다. 백성들은 오랫동안 지속되어온 불순종의 역사로 양심마저 무뎌져 버린

것이다(7절). 그들은 자신들이 무엇을 잘못했는지 깨닫지 못한다. 말라기는 하나님의 율법에 규정된 "십일조와 봉헌물"을 제대로 바치지 않는 것을 하나님의 것을 도둑질했다고 간주한다(8절). 당시 이스라엘의 경제상황은 대단히 열악했다. 그러나 말라기가 보기에 이것이 하나님께 대한 의무를 소홀히 하는 이유가 될 수는 없었다. 오히려 그는 이런 어려운 경제적 상황은 하나님의 뜻을 어긴 일에 대한 심판이요 저주라고 해석한다(9절). 우리는 여기서 십일조를 올바로 드림으로써 하나님을 시험하라는, 지금까지 전혀 들어보지 못한 새로운 말씀을 듣는다(10절). 결론으로는 하나님의 말씀에 순종하면 저주가 사라지고 축복을 받으리라는 약속이 주어진다(11-12절).

2. 말라기 3:6-12의 본문 풀이

1) 하나님의 불변하는 사랑과 이스라엘의 변함없는 배반(말 3:6)

말라기 3:6-12에서 하나님은 백성들의 비난에 대한 자기 변호로 말씀을 시작하신다. 이들의 비난이 이 단락에서는 언급되지 않고 단지 전제되어 있을 뿐이다. 여기서 하나님은 "하나님은 믿을 수 없고 의지할 수도 없고 변덕스럽다"고 하는 백성들의 비난에 직면한 것처럼 보인다. 이에 대하여 하나님은 자신이 조금도 변하지 않았으며 또 그들(야곱의 자손들)도 변하지 않았다고 말씀하신다(6절). 우리말 성경의 6b절의 해석은 문제가 좀 있다. 이 구절은 히브리어 본문에 근거하여 문자적으로 번역하면 개역개정 성경과는 약간 다르게 번역이 된다.

"나 여호와는 변하지 아니하나니

그러므로 야곱의 자손들아 너희가 소멸되지 아니하느니라"

(말 3:6, 개역개정).

"나, 야웨는 변하지 않았다.

그러나 너희는 야곱의 자손임을 그치지 않았다"

(말 3:6, 필자 사역).

여기서 야곱이란 "속이는 자"(창 27:36; 호 12:2)를 암시한다.[3]

"27 네 시조[야곱]가 범죄하였고 너의 교사들이 나를 배반하였나니

28 그러므로 내가 성소의 어른들을 욕되게 하며

야곱이 진멸 당하도록 내어 주며 이스라엘이 비방거리가 되게 하리라"

(사 43:27-28).

야곱의 자손 이스라엘은 그들의 조상 야곱의 속임수와 범죄를 여전히 반복하고 있다. 그들은 하나님이 변했다고 비난한다. 그러나 하나님은 예나 지금이나 변함이 없으시다. 물론 이스라엘도 변화가 없다. 그런데 "하나님의 무(無) 변화"와 "이스라엘의 무(無) 변화"는 질적으로 다르다. 하나님의 무 변화의 대상은 신실한 사랑이고, 이스라엘의 무 변

---

3) H. G. Reventlow, *Die Propheten Haggai, Sacharja und Maleachi*, ATD (Göttingen: Vandenhoeck & Ruprecht, 1993), 155.

열두 예언자의 영성

화의 대상은 속임과 범죄 행위다. 하나님의 사랑에는 변화가 전혀 없다. 그런데 이스라엘의 속임과 범죄 행위도 변함이 없다(참조. 말 3:7). 하나님의 사랑은 변해서는 안 된다. 그러나 이스라엘의 속임과 범죄 행위는 변해야 한다. 따라서 이스라엘의 변화가 요구된다.

"너희는 항상 있던 모습 그대로이지만 이제는 변화가 필요하다."

하나님의 변함없는 사랑과 이스라엘의 변치 않는 배반이 대조를 이루고 있다. 혹시 우리 안에도 변해야 할 무엇이, 끈질기고도 고집스럽게 남아 있지는 않은가.

2) 지속된 불순종의 역사로 무디어진 양심(말 3:7)
7절은 6b절의 내용을 보다 자세히 설명한다.

"너희 조상들의 날로부터
너희가 나의 규례를 떠나 지키지 아니하였도다"(말 3:7a).

하나님은 그들에게 회개를 촉구하신다. 회개촉구 구절이 이 단락의 핵심이다.

"그런즉 내게로 돌아오라
그리하면 나도 너희에게로 돌아가리라"(말 3:7a).

그러나 회개하라는 말은 이스라엘의 반발만 초래한다.

"우리가 어떻게 하여야 돌아가리이까?"(말 3:7b)

그들은 회개할 준비가 전혀 되어 있지 않았다. 아니 회개의 필요성도 느끼지 못하고 있다. 그들의 양심은 오랜 불순종의 역사로 말미암아 이미 무디어질 대로 무뎌져 버렸다. 그들에게는 죄의식도, 수치심도 사라진 지 이미 오래다. 신약의 표현을 빌리면 양심이 화인 맞은 상태다. "자기 양심이 화인을 맞아서 외식함으로 거짓말하는 자들이라"(딤전 4:2).

3) 하나님의 것을 도적질하는 사람들(말 3:8)

말라기는 이스라엘이 하나님께 돌아오는 방법을 제시한다. 그는 "사람이 어찌 하나님의 것을 도적질하겠느냐"라며 있을 수 없는 예를 들어준다. 이런 이해할 수 없는 예언자의 책망에 당연히 백성의 반문이 이어진다.

"우리가 어떻게 주의 것을 도둑질하였나이까?"(말 3:8a)

말라기는 이런 반문을 인용하면서 "너희는 나의 것을 도둑질하면서 이런 말을 한다"고 질타한다. 여기서 "도적질하다"는 분사형으로 쓰이고 있다. 분사형은 "반복과 진행"을 뜻하는 동사 형태다. 그들의 도둑질은 이미 상습화되어 있었다. 말라기는 그들이 "십일조와 봉헌물"을 도둑질했다고 노골적으로 폭로한다.

"십일조"라는 뜻의 히브리어 "마아세르"(מַעֲשֵׂר)는 "십일조"(tithe, "왕의 명령이 내리자 곧 이스라엘 자손이 곡식과 포도주와 기름과 꿀과 밭의 모든 소산의 첫 열매들을 풍성히 드렸고 또 모든 것의 십일조[מַעֲשֵׂר '마아세르'] 를 많이 가져왔으며 유다 여러 성읍에 사는 이스라엘과 유다 자손들도 소와 양의 십일조[מַעֲשֵׂר '마아세르']를 가져왔고 또 그들의 하나님 여호와께 구별 하여 드릴 성물의 십일조[מַעֲשֵׂר '마아세르']를 가져왔으며 그것을 쌓아 여러 더미를 이루었는데", 대하 31:5-6; 참조. 느 12:44) 혹은 "십 분의 일"(tenth-part, "에바와 밧은 그 용량을 동일하게 하되 호멜의 용량을 따라 밧은 십분의 일[מַעֲשֵׂר '마아세르'] 호멜을 담게 하고 에바도 십분의 일 호멜을 담게 할 것이 며", 겔 45:11: 참조. 겔 45:14)이라는 의미다. 십일조는 하나님이 이 땅의 주인이요 이스라엘의 공급자이심을 인정하는 예배행위로서 야웨께 바 치는 공물이다.

구약의 율법에 따르면 이스라엘이 지켜야 할 십일조는 세 가지가 있다.

① 제사장의 십일조: 이는 레위인들에게 주어지는 땅의 일반적인 십일조 로서, 제사장의 생계수단으로 쓰인다(레 27:30-32; 민 18:21).
② 제사를 위한 십일조: 일반적인 십일조를 성별하는 거룩한 음식과 더불 어 십일조의 한 부분을 예배공동체가 함께 취한다(신 14:22-27).
③ 구제의 십일조: 3년마다 가난한 사람들을 위한 몫으로 모은 십일조다 (신 14:28-29; 26:13-14).[4]

---

4) A. E. Hill, *Malachi*, AB (New York: Doubleday, 1998), 305-306.

여기서의 "십일조"(מַעֲשֵׂר '마아세르')는 첫 번째 십일조를 가리키는 것으로 보인다.

"이스라엘 자손이 여호와께 거제(תְּרוּמָה '테루마')로 드리는 십일조(מַעֲשֵׂר '마아세르')를 레위인에게 기업으로 주었으므로 내가 그들에 대하여 말하기를 이스라엘 자손 중에 기업이 없을 것이라 하였노라"(민 18:24).

거제, 즉 "봉헌물"은 히브리어로 "테루마"(תְּרוּמָה)다. "테루마"(תְּרוּמָה)는 아마도 "십일조의 십일조"(tithe of the tithe) 혹은 "십일조의 세금"(tithe tax)을 가리킬 것이다. 느헤미야서에서도 보면 "십일조"(מַעֲשֵׂר '마아세르')는 "레위인들의 몫"이고, "봉헌물"(תְּרוּמָה '테루마')은 "제사장들의 몫"으로 바쳐졌다.

"37 또 처음 익은 밀의 가루와 거제물(תְּרוּמָה '테루마')과 각종 과목의 열매와 새 포도주와 기름을 제사장들에게로 가져다가 우리 하나님의 전의 여러 방에 두고 또 우리 산물의 십일조(מַעֲשֵׂר '마아세르')를 레위 사람들에게 주리라 하였나니 이 레위 사람들은 우리의 모든 성읍에서 산물의 십일조(מַעֲשֵׂר '마아세르')를 받는 자임이며 38 레위 사람들이 십일조(מַעֲשֵׂר '마아세르')를 받을 때에는 아론의 자손 제사장 한 사람이 함께 있을 것이요 레위 사람들은 그 십일조의 십분의 일을 가져다가 우리 하나님의 전 곳간의 여러 방에 두되 39 곧 이스라엘 자손과 레위 자손이 거제(תְּרוּמָה '테루마')로 드린 곡식과 새 포도주와 기름을 가져다가 성소의 그릇들을 두는 골방 곧 섬기는 제사장들과 및 문지기들과 노래하는 자들이 있는 골방에 둘 것이라 그리하여 우리가 우리 하나님의 전을 버려두지 아니하리라"(느 10:37-39).

여기서 "십일조"(מַעֲשֵׂר '마아세르')는 땅을 분배받지 못한 레위인들을 위한 것으로 각 지방의 저장 창고에 수집되었다. "봉헌물"(תְּרוּמָה '테루마')은 그것의 십일조로 레위인 가운데 특히 제사장으로 일하는 자들의 것으로, 레위인들이 야웨의 성전이 있는 예루살렘에 보내는 것이다.[5] 결국 "십일조와 봉헌물"은 레위인의 생계유지와 함께 성전에서 일하는 제사장들의 생활비로 사용되었다. 따라서 십일조와 봉헌물이 제대로 거두어지지 않는다면, 재산이 없는 레위인들은 생존이 불가능하고, 생계유지가 곤란한 제사장들은 성전 일을 포기할 수밖에 없다(참조. 느 13:10-14).[6]

백성들이 레위인의 몫으로 돌려야 하는 십일조와 레위인들이 제사장들의 몫으로 바쳐야 하는 십일조(봉헌물)는 자신들의 것이 아니다. 이는 자신이 아닌 다른 사람을 위하여 쓰일 하나님의 몫이다. 하나님의 몫, 곧 하나님께 마땅히 드려야 할 것을 바치지 않는 것은 하나님의 주권을 무시하고 그 주권을 도둑질하는 것이다.

4) 없어서 못한 것이 아니라 안 드려서 없어진 것(말 3:9-10)

9절에 따르면 이렇게 십일조와 봉헌물을 등한시한 것은 한두 사람에게만 국한된 문제가 아니었다. 사실상 이스라엘 백성 전부가 하나님의 것

---

5) D. L. Petersen, *Zechariah 9-14 and Malachi: A Commentary*, OTL (Louisville: Westminster/John Knox, 1995), 216.
6) 천사무엘, "십일조의 의미와 기능", 「신학사상」 102(1998), 129-146, 특히 140.

을 도둑질하였다. 이때문에 이스라엘에 저주가 임했다. 이어지는 말라기 3:10-11의 내용은 당시 유다 백성이 처한 상황을 짐작하게 해준다. 그들은 기근으로 인한 흉작에 엎친 데 덮친 격으로 메뚜기 재앙까지 당함으로써 극심한 식량난에 시달렸다.

말라기는 이러한 상황을 단순한 자연재앙이 아니라 저주로 판단한다. 예언자 말라기는 당시 백성들이 하나님의 것을 도둑질한 결과 저주를 불러들였다고 해석한다. 그들은 소득이 없어서 하나님의 명령인 십일조와 봉헌물의 의무를 무시한 것이 아니라, 이 명령을 소홀히 했기 때문에 그들이 소유하고 있는 것마저 사라지는 저주를 받은 것이다. 십일조를 도둑질한 것은 온 백성이었다. 여기에는 소산의 십일조를 바쳐야 하는 백성과 그들이 받은 십일조의 십일조를 드려야 하는 레위인들이 포함된다. 온 백성이 하나님의 것을 도둑질하는 삶을 살았기 때문에 결국 그들의 기본적인 삶도 노략질을 당한 것이다.

절망적인 형편에 처하게 된다면 우리는 먼저 어떤 점에서 하나님의 뜻을 소홀히 했는지를 살펴보고 그리고 나서 하나님께 회개하는 것이 올바른 순서요 자세다. 그럼에도 불구하고 이스라엘은 참회의 의지도 전혀 없을 뿐더러, 오히려 옛날 죄에 새로운 죄까지 더하고 있다.

말라기는 이러한 저주의 상황에서 구원받을 수 있는 유일한 방법을 제시한다. 그것은 지금까지 가던 길에서 돌이켜 하나님께로 방향 전환을 하는 것, 즉 하나님께로 돌아가는 것이다. 회개는 단순히 "마음의 돌이킴"뿐만 아니라 "삶의 돌이킴"을 포함한다.[7] 삶의 방향을 돌이켜야 진

---

7) 차준희, 『구약신앙과의 만남』(서울: 대한기독교서회, 2002), 100-112, 특히 112.

정한 회개다. 여기에서의 회개는 하나님의 것을 하나님께로 돌리는 것
이다. 그리고 이렇게 하는 것이 일탈된 궤도에서 정상 궤도로 진입하는
길이다.

말라기는 구체적으로 권고한다.

"만군의 여호와가 이르노라
너희의 온전한 십일조를 창고에 들여
나의 집에 양식이 있게 하고
그것으로 나를 시험하여
내가 하늘 문을 열고
너희에게 복을 쌓을 곳이 없도록 붓지 아니하나 보라"(말 3:10).

이스라엘이 회개하고 돌이키기만 하면 하나님께서 기근과 재앙, 흉
년으로 황폐해진 그 땅에 축복의 비를 퍼부어주시고, 메뚜기를 금하시
고, 밭에 풍성한 열매를 맺게 해주시겠다고 약속하신다. 여기서 "온전
한 십일조"(כָּל-הַמַּעֲשֵׂר '콜-하마아세르')는 원문에 따르면 "모든 십일조"
다. 이는 두 가지로 해석된다.

첫째, 십일조 "분량의 진정성"이다. 당시 백성들은 스스로 제대로 된
십일조를 바치고 있다고 생각하는 반면 예언자는 이에 동의하지 않고
있다.[8] 백성들은 나름대로―자기 방식대로, 자기 맘대로, 자기 멋대로―
정성을 들여 십일조를 드리고 있었다. 이런 방식은 당시 제사장들이 하

---

8) P. L. Reddit, *Haggai, Zechariah, Malachi*, NCBC (Grand Rapids: Eerdmans, 1995), 179.

나님께 눈먼 것과 병든 것을 드리고도 미안해하거나 죄의식을 전혀 느끼지 못하는 것과 같다. 그들에게는 이런 제물이 아무런 문제가 되지 않는다. 자신의 형편에서는 이만하면 그런대로 할 도리를 다하고 있다고 생각하는 것이다. 백성들은 스스로 십일조를 제대로 드리고 있다고 생각했지만, 예언자가 보기에는 진정성이 결여되어 있었다. 즉 제대로 된 십일조가 아니다. 이는 흔히 말하는 "온전한 십일조 생활"을 가리킨다.

둘째, 십일조 "활용의 진정성"이다. 성서에서 십일조로 인해 하나님이 복을 주신다는 말씀은 이 본문 외에는 신명기에서만 볼 수 있다(신 14:29; 26:12-15).[9] 예를 들어 신명기 14:28-29을 보자.

> "²⁸매 삼 년 끝에 그 해 소산의 십분의 일(כָּל־מַעְשַׂר '콜-마에사르')을 다 내어 네 성읍에 저축하여 ²⁹너희 중에 분깃이나 기업이 없는 레위인과 네 성중에 거류하는 객과 및 고아와 과부들이 와서 먹고 배부르게 하라 그리하면 네 하나님 여호와께서 네 손으로 하는 범사에 네게 복을 주시리라"(신 14:28-29).

신명기 14:28-29의 십일조는 3년마다 약자를 위해 "저축하는" "구제 십일조"다. 말라기의 "모든 십일조"(כָּל־הַמַּעְשֵׂר '콜-하마아세르')는 신명기의 "십분의 일"(כָּל־מַעְשַׂר '콜-마에사르')과 히브리어가 같다. 그리고 이 두 십일조는 모두 "저축하는 십일조"다. 그렇다면 말라기의 "모든 십일조"는 신명기의 "구제 십일조"를 가리킨다. 이러한 맥락을 고려한다

---

9) 김근주, "십일조에 대처하는 우리의 자세", 「복음과상황」 261, 2012년 7월, 120-132, 특히 128.

면 말라기의 십일조는 성전에 모아진 구제 십일조로 그 용도에 맞게 고아와 과부와 나그네라는 사회적 약자의 몫으로 되돌려주어야 한다. 그러나 제사장들이 자신에게 들어오는 십일조가 충분하지 않자 약자들에게 나누어주어야 할 구제 십일조를 떼먹은 것이다.

지금까지 한국교회는 이 본문의 첫 번째 의미(십일조 분량의 진정성)만 강조해왔다. 그러나 두 번째 의미(십일조 활용의 진정성)도 간과해서는 안 된다. 말라기 3:9은 가난한 이들에게 분배되어야 할 소유를 도둑질하는 행위가 일부에만 국한된 문제가 아니라 나라 전체에서 자행되고 있다고 고발한다. 제사장들에게서 비롯된 십일조 도둑질이 온 백성에게 확산된 듯하다. 십일조를 실천하는 데서 오는 축복은 그 십일조가 가난한 이들에게 온전히 전달될 때만 성립된다. 물론 교회에 십일조 헌금을 하는 것은 중요하다. 그런데 십일조가 교회의 내부적인 일에만 소진된다면 그것은 약자들에게 돌려야 할 하나님의 몫을 도둑질하는 것이다. 교회는 사회의 약자들에게 돌려주어야 할 구제 십일조를 철저히 실천해야 한다. 이 점은 결론에 가서 좀 더 자세히 언급하겠다.

예언자는 확신에 차서 다음과 같이 외친다.

"하나님을 시험하라 이것이 사실인지!"(말 3:10, 필자 사역)

하나님은 이스라엘 백성에게 자신을 시험하도록 권고하신다. 구약에서 하나님이 인간을 시험하는 경우가 종종 언급되지만(창 22:1; 시 26:2; 66:10; 81:7; 139:23 등), 인간이 하나님을 시험한다는 사상은 드물다. 인간이 하나님을 시험하는 것을 언급한 곳은 말라기 3:10, 15, 시편

95:9뿐이다.[10] 일반적으로 인간이 하나님을 시험하는 것은 불신앙의 행위로 간주된다.

"그 때에 너희 조상들이 내가 행한 일을 보고서도
나를 시험하고 조사하였도다"(시 95:9).

"지금 우리는 교만한 자가 복되다 하며
악을 행하는 자가 번성하며
하나님을 시험하는 자가 화를 면한다 하노라 함이라"(말 3:15).

말라기서에서 인간이 하나님을 시험하는 것을 허락한 것은 영적 회의와 무관심의 시대에 신앙의 불을 다시 지피기 위한 하나님의 일회적이고 특별한 행동으로 간주되어야 한다.[11]

5) 모든 이방인들이 너희를 복되다 하리라(말 3:11-12)

11절은 온전한 십일조를 바칠 때 주어지는 하나님의 복을 묘사한다.

"만군의 여호와가 이르노라
내가 너희를 위하여 메뚜기를 금하여
너희 토지 소산을 먹어 없애지 못하게 하며

---

10) D. L. Petersen, *Zechariah 9-14 and Malachi: A Commentary*, OTL (Louisville: Westminster/John Knox, 1995), 217.
11) 랄프 스미드, 『미가-말라기』, WBC성경주석, 채천석/채훈 역(서울: 솔로몬, 2001), 473.

너희 밭의 포도나무 열매가 기한 전에 떨어지지 않게 하리니"(말 3:11).

포도나무의 과실이 기한 전에 떨어지고 남은 것을 황충이 먹어버려서 수확과 소득이 없었던 이제까지의 저주의 상황이 그치고, 하늘 문이 열려 쌓을 곳이 없도록 복이 임한다는 것이다.

말라기 3:12은 유다 백성이 회개할 때 주어지는 약속을 보여준다.

"너희 땅이 아름다워지므로
모든 이방인들이 너희를 복되다 하리라
만군의 여호와의 말이니라"(말 3:12).

이스라엘 백성이 지금까지의 재난을 통하여 이방 나라의 조롱거리가 되었다면, 이제는 이스라엘 땅의 번성을 통하여 이방 나라가 복을 빌어주게 될 것이다.[12]

3. 메시지

앞서도 언급했듯이 이 본문의 핵심은 십일조라기보다는 이스라엘의 회개다. 다만 회개의 진정성은 십일조의 실행으로 판가름 난다. 여기서는 십일조에 대해 집중적으로 살펴보고자 한다.

---

12) A. Deissler, *Zwölf Propheten III: Zefanja, Haggai, Sacharja, Maleachi*, NEB (Würzburg: Echter Verlag, 1988), 333.

1) 구약의 십일조는 폐기되어야 하는가?

기독교 일각에서는 십일조 규정도 구약의 율법 중 하나인데, 오늘날 더이상 음식 규정이나 할례 규정과 같은 구약의 많은 율법들을 지키지 않으면서 유독 십일조에 대한 계명만 강조하고 준수하는 것은 잘못된 것이라고 주장한다.[13] 사실 신약성경에서는 십일조에 대한 의무 규정이 언급되어 있지 않다. 즉 신약성경에는 십일조 계명이 없다. 신약성경에서 십일조와 관계된 구절은 세 본문밖에 없다(마 23:23; 눅 11:42; 18:12). 유대법에서는 십일조가 엄격하게 규정되어 있지만 기독교인들은 그법에서 자유롭다.

그러나 예수님도 십일조를 드리는 것 자체를 반대하지는 않으셨다. 당시 외식하는 종교지도자들을 책망하는 말씀에서도 그들의 십일조 준수만큼은 인정하셨다.

"화 있을진저 외식하는 서기관들과 바리새인들이여 너희가 박하와 회향과 근채의 십일조는 드리되 율법의 더 중한 바 정의와 긍휼과 믿음은 버렸도다 그러나 이것도 행하고 저것도 버리지 말아야 할지니라"(마 23:23; 참조. 눅 11:42).

오늘날 구약의 율법을 문자적으로 지키는 것은 큰 의미가 없다. 그러나 그 율법의 정신은 여전히 살아 있어야 한다. 예수님은 율법을 폐기하시는 분이 아니라 율법을 완성하시는 분이다.

---

13) 조성기, 『십일조는 없다: 예수보다 물질을 탐하는 한국교회』(서울: 평단문화사, 2012).

"내가 율법이나 선지자를 폐하러 온 줄로 생각하지 말라 폐하러 온 것이
아니요 완전하게 하려 함이라"(마 5:17).

따라서 십일조의 실천은 여전히 필요하다. 한국교회를 상징하는 세
가지 요소를 꼽으라면 금주/금연, 주일성수, 십일조 생활이다. 이것이
오늘의 한국교회를 낳은, 한국기독교의 자랑할 만한 전통이다. 물론 신
앙인으로서 이 세 가지만 실천하고 모든 도리를 다 했다고 간주하면서
다른 의무를 소홀히 하면 문제가 된다. 그러나 한국교회의 좋은 전통은
가급적이면 우직하게 실천하되, 이 본문에서 말하는 하나님이 원하시
는 진정한 의미에서의 십일조 실천을 지향해야 하지 않을까?

2) 십일조의 축복: 돈 내고 돈 먹기인가?

십일조를 드리면 그에 대한 반대급부로 물질 축복을 받는가? 그렇지
않다. 십일조는 하나님과 주고받는 거래가 아니다. 우리는 하나님에 대
한 개념을 마치 자동판매기와 같은 것으로 곡해해서는 안 된다. 헌금은
얼마를 투자하면 그 대가로 얼마의 보상을 받는 식의 거래가 아니다.
하나님께 드리는 것을 "은행에 맡겨놓는 것" 쯤으로 여기면 안 된다. 실
제로 교회를 상대로 자신의 헌금을 되돌려 달라고 소송을 제기했던 일
이 미국에서 일어났다.

미국 플로리다 주 데이드(Dade) 지역의 한 남자가 자신의 법정 고소에서
"저는 제 재산의 10%를 십일조로 낸 사람에게 복과 이득과 보상이 있을 거
라는 목사님의 약속을 믿고 제 저금액에서 800달러를 교회에 보냈습니다.

하지만 저는 그러한 이득을 전혀 받지 못했습니다"라고 말했다.[14]

흔히 "십일조하면 복 받는다"는 식의 간증을 많이 한다. 이 공식이 항상 들어맞는 것은 아니지만 그렇다고 전혀 틀린 말도 아니다. 신앙생활에서 하나님께 드리는 것(헌금)이든 다른 사람에게 베푸는 것(선행)이든 내 것을 타인과 나누는 것은 일종의 "은혜의 수단"이다. 즉 이는 "은혜를 나누는 일"이면서 동시에 "또 다른 은혜를 받게 되는 일"이다. 그래서 나눔은 은혜의 수단이라고 할 수 있다. 내 것을 나누는 것은 하나님께서 우리에게 주신 "언제나 풍성하고, 언제나 넘쳐흐르는" 하나님의 사랑을 우리가 사용하는 한 방법이다. 우리가 하나님께 받은 사랑을 다른 이에 대한 사랑으로 반응하면 하늘의 창이 열린다.[15]

그런데 엄밀히 따지면 이러한 축복은 십일조로 인한 축복이라기보다는 재물을 내 것으로 여기지 않고 하나님의 것으로 여겨 그분께 받은 것을 이웃과 나눔으로 그들과 더불어 누리게 된 은혜라고 할 수 있다. 십일조 권고는 단순히 개인을 향한 것이 아니라 세상을 섬기는 공동체를 향한 말씀이다. 우리 안에서 이루어진 온전한 십일조가 공동체를 살리고, 우리 안에 있는 가난한 이웃을 살리며, 이렇게 회복된 공동체의 모습을 통해 열방에게 하나님을 증거하기 때문이다.

신약에서 십일조를 비롯한 헌금의 근본정신은 "능력에 따른 자원하

---

14) 엘리자베스 악트마이어, 『나훔-말라기』, 현대성서주석, 민경진 역(서울: 한국장로교출판사, 2002), 275.

15) 엘리자베스 악트마이어, 『나훔-말라기』, 현대성서주석, 민경진 역(서울: 한국장로교출판사, 2002), 279.

열두 예언자의 영성

는 마음"이다. 이러한 정신은 바울의 편지에서 잘 드러난다.

> "5그러므로 내가 이 형제들로 먼저 너희에게 가서 너희가 전에 약속한 연보를 미리 준비하게 하도록 권면하는 것이 필요한 줄 생각하였노니 이렇게 준비하여야 참 연보답고 억지가 아니니라 6이것이 곧 적게 심는 자는 적게 거두고 많이 심는 자는 많이 거둔다 하는 말이로다 7각각 그 마음에 정한 대로 할 것이요 인색함으로나 억지로 하지 말지니 하나님은 즐겨 내는 자를 사랑하시느니라"(고후 9:5-7).

3) 교인의 십일조와 교회의 십일조(사회적 십일조)

성도는 교회에 드리는 십일조를, 그리고 교회는 사회에 드리는 십일조를 도둑질해서는 안 된다. 십일조는 크게 보면 "교회 안의 공동체를 세우고", "교회 밖의 약자를 세우는 일"에 쓰이는 물질이다. 온전한 십일조를 하려고 애쓰는 분들 중 "세전(稅前) 십일조"를 해야 하나 아니면 "세후(稅後) 십일조"를 해야 하는가의 문제로 고민하는 경우가 종종 있다. 이 역시 원칙에 충실할 필요가 있다. 십일조는 자신이 가진 모든 것이 하나님의 소유임을 인정하고, 이를 통해 사역자들을 세우고 이웃을 섬기는 데 쓰는 물질이다.

각자가 속한 공동체가 그러한 일을 잘 감당할 수 있도록 한 사람 한 사람이 참여해야 함은 아주 당연한 일이다. 공동체의 구성원이 된다는 것은 바로 그런 책임을 기쁨으로 나누어진다는 의미다. 그러니 세전이든 세후든 내가 우리 공동체에서 어떻게 책임을 나누어 질 것인가를 먼저 생각한 후에 결정하면 된다.

하나님은 소득의 10%를 정확히 내고 있는지를 계산하시는 "국세청 직원"이 아니다. 보너스나 부수입 역시 이러한 원칙을 기억하고 각자 믿음으로 결정하면 된다. 내가 누리는 기쁨을 모두의 기쁨으로 만드는 것, 그것이 바울이 말하는 "균등하게 하는 원리", 즉 많이 거둔 자도 남지 않고 적게 거둔 자도 모자라지 않는 원리일 것이다.

> "14 이제 너희의 넉넉한 것으로 그들의 부족한 것을 보충함은 후에 그들의 넉넉한 것으로 너희의 부족한 것을 보충하여 균등하게 하려 함이라 15 기록된 것 같이 많이 거둔 자도 남지 아니하였고 적게 거둔 자도 모자라지 아니하였느니라"(고후 8:14-15).

말라기는 유다 백성을 향하여 하나님의 것인 십일조와 봉헌물을 도적질했다고 질타했다. 말라기가 거론한 "십일조"(מַעֲשֵׂר '마아세르')는 백성들이 드리는 레위인의 생계를 위한 것이고, "봉헌물"(תְּרוּמָה '테루마')은 레위인이 받은 십일조 가운데 십일조를 떼어 제사장의 생활비로 드리는 것이다. 말라기는 이러한 십일조 릴레이가 정상적으로 작동하지 않음은 하나님의 것을 도적질했기 때문이라고 진단한다. 어찌 보면 이스라엘 백성이 십일조 의무를 등한시한 것은 먼저 성전의 제사장들이 구제 십일조를 도둑질했기 때문인지도 모른다. 오늘날에도 교회가 사회에 내야 하는 "사회적 십일조"를 떼먹는 탓에, 결국 신자들이 교회에 십일조를 온전히 하지 않는 것은 아닌지 생각해봐야 할 문제다.

참으로 감사하게도 한국교회 대다수 신자들은 십일조 생활을 어느 정도 성실하게 실천하려고 노력하고 있는 것 같다. 이에 반해 교회는 사회를 향한 구제 십일조의 의무를 온전히 실천하고 있는가. 만일 그렇지 않다면 사회 약자들의 몫(신 14:28-29; 26:12-14)을 도둑질하는 교회는 깊이 반성하고 회개해야 한다.

그 당시 이스라엘 백성은 기근, 재앙, 흉년으로 하나님께 대한 의무를 소홀히 할 수밖에 없었다고 말한다. 자신들의 고단한 형편 때문에 의무를 다하지 못했다는 것이다. 말라기 예언자는 그들이 하는 말이 변명에 불과하다고 맞대응한다. 그의 논리는 이스라엘 백성이 도둑질, 그것도 하나님의 것을 도둑질했기에 도리어 이런 곤란한 형편에 처했다는 것이다(11절). 그렇다면 형편이 어려우면 도적질을 해도 되는가! 그것도 하나님의 것을 말이다.

하나님의 사람은 역사와 사회를 보는 눈이 근본적으로 달라야 한다. 그들은 사건의 본질을 꿰뚫어보는 통찰력이 있어야 한다. 사실 이스라엘 백성은 없어서 못한 것이 아니라 이런저런 핑계를 내세워 마땅히 바쳐야 할 것을 드리지 않았다. 그래서 가지고 있던 것마저 사라진 것이다. 혹시 이 책을 읽는 독자 여러분 중에 아직도 십일조 생활을 시작하지 못한 성도들이 있다면 믿음의 분량에 따라서 조금씩이라도 십일조 생활을 실천해보기를 권면한다. 그렇게 해도 살아진다. 아니 하나님이 반드시 살려주신다. 그것이 은혜다. 그리고 교회여! 더 이상 구제 십일조를 도둑질하지 말자. 제발!!

강성열. 『내가 네게 장가들리라: 설교를 위한 호세아 연구』. 서울: 한국성서학연구소, 2010.

강성열. 『열방을 향한 공의: 나훔, 하박국, 스바냐 안내』. 서울: 땅에쓰신글씨, 2003.

강준민. 『기다림은 길을 엽니다』. 서울: 토기장이, 2012.

고원, D. E. 『의인의 고난: 하박국서 연구』, 임태수 역. 서울: 대한기독교출판사, 1979.

권혁승. 『학개의 신앙과 신학: 학개서 주석적 연구』. 서울: 프리칭아카데미, 2010.

김근주. "십일조에 대처하는 우리의 자세", 「복음과상황」 261(2012년 7월), 120-132.

김기현. 『하박국, 고통을 노래하다』. 서울: 복있는사람, 2008.

김대조. 『나는 죽고 교회는 살아야 한다: 광인 옥한흠』. 서울: 두란노, 2012.

김영하. 『너의 목소리가 들려』. 서울: 문학동네, 2012.

김필회. 『호세아 주석서』, 한국구약학총서. 서울: 프리칭아카데미, 2010.

김형국. 『교회를 꿈꾼다』. 서울: 포이에마, 2012.

노세영. 『나훔/하박국/스바냐』, 대한기독교서회 창립 100주년 기념. 서울: 대한기독교서회, 1998.

라이트, N. T. 『예수와 하나님의 승리』, 박문재 역. 고양: 크리스챤다이제스트, 2004.

류호준. 『아모스: 시온에서 사자가 부르짖을 때』. 서울: 크리스챤다이제스트, 1999.

류호준. "등불 들고 계신 하나님과 실천적 무신론자들: 스바냐의 메시지", 『등불 들고 이스라엘을 찾으시는 하나님』. 서울: 솔로몬, 2007, 253-278.

림버그, 제임스. 『호세아-미가』, 현대성서주석, 강성열 역. 서울: 한국장로교출판사, 2004.

마이어, 조지. 『하나님, 도대체 언제입니까?』, 최종훈 역. 서울: 엔크리스토, 2006.

바이저, A. / 엘리거, K. 『소예언서』, 국제성서주석. 서울: 한국신학연구소, 1985.

바이저, A. / 엘리거, K. 『호세아/요엘/아모스/즈가리야』, 국제성서주석, 박영옥 역. 서울: 한 국신학연구소, 1992.

박동현. 『더딜지라도 기다리라!: 다시 읽는 하박국』, 구약사상문고. 서울: 대한기독교서회, 2011.

박동현. "거짓된 참회?(호 6:1-6)", 『예언과 목회(4)』. 서울: 한국장로교출판사, 1996, 247- 261.

박득훈. "교회 안의 맘몬 숭배 타파", 강영안(외), 『한국교회, 개혁의 길을 묻다』. 서울: 새물 결플러스, 2013, 151-170.

박상익. 『어느 무교회주의자의 구약성서 읽기』. 서울: 부키, 2000.

박철우. 『아모스/오바댜』, 대한기독교서회 창립 100주년 기념. 서울: 대한기독교서회, 2001.

볼프, H. W. 『예언과의 만남』, 차준희 역. 서울: 대한기독교서회, 1999.

볼프, H. W. 『선교자 요나: 요나서 연구』, 문희석 역. 서울: 대한기독교출판사, 1978.

송병현. 『호세아, 요엘, 아모스, 오바댜』, 엑스포지멘터리. 서울: 국제제자훈련원, 2011.

송병현. 『요나, 미가, 나훔, 하박국, 스바냐, 학개, 스가랴, 말라기』, 엑스포지멘터리. 서울: 국 제제자훈련원, 2011.

슈미트, 베르너. H. 『구약성서 입문』, 차준희/채홍식 역. 서울: 대한기독교서회, 2007.

스미드, 랄프. 『미가-말라기』, WBC성경주석, 채천석/채훈 역. 서울: 솔로몬, 2001.

스튜어트, 더글라스. 『호세아-요나』, WBC성경주석, 김병하 역. 서울: 솔로몬, 2011.

악트마이어, 엘리자베스. 『나훔-말라기』, 현대성서주석. 서울: 한국장로교출판사, 2002.

에셀, 스테판. 『분노하라』, 임희근 역. 서울: 돌베개, 2011.

예레미아스, 요륵. 『아모스』, 채홍식 역. 서울: 성서와함께, 2006.

우택주. 『요나서의 숨결』. 대전: 침례신학대학교출판부, 2009.

위그램, 조오지 V. 『구약성구사전』, 김만풍 역. 서울: 기독교문화협회, 1983.

이동수. "지도자들의 불의 때문에(미 3:9-12)", 『예언서 연구』. 서울: 장로회신학대학교출판 부, 2005, 162-190.

이어령. 『지성에서 영성으로』. 서울: 열림원, 2010.

이용호. 『하나님의 자유』. 서울: 프리칭아카데미, 2007.

장세훈. 『내게로 돌아오라: 스가랴서 주해와 현대적 적용』. 서울: SFC, 2007.

조성기. 『십일조는 없다: 예수보다 물질을 탐하는 한국교회』. 서울: 평단문화사, 2012.

차준희. 『구약신앙과의 만남』. 서울: 대한기독교서회, 2002.

차준희. 『예언서 바로 읽기』. 서울: 성서유니온선교회, 2013.

차준희. "제사보다 헤세드를 원하며(호 6:1-6)", 「성서마당」 15(2007, 겨울), 45-54.

차준희. 『최근 구약성서의 신앙』. 서울: 프리칭아카데미, 2010.

차준희/유윤종. 『학개/스가랴/말라기』, 대한기독교서회 창립 100주년 기념. 서울: 대한기독교서회, 2006.

천사무엘. "십일조의 의미와 기능", 「신학사상」 102(1998), 129-146.

치즈홀름, 로버트. 『예언서개론』, 강성열 역. 서울: 크리스챤다이제스트, 2006.

Allen, L. C. *The Books of Joel, Obadiah, Jonah, and Micah*, The New International Commentary on the Old Testament. Grand Rapids, Michigan: Wm B. Eerdmans Publishing, 1976.

Barton, J. *Joel and Obadiah*, The Old Testament Library. Louisville: Westminster John Knox Press, 2001.

Berlin, A. *Zephaniah: A New Translation with Introduction and Commentary*, The Anchor Yale Bible. New Haven and London: Yale Unversity Press, 2008[1994].

Dahmen, U./Fleischer, G. *Die Bücher Joel und Amos*, Neuer Stuttgarter Kommentar Altes Testament. Stuttgart: Verlag Katholisches Bibelwerk, 2001.

Deissler, A. *Zwölf Propheten III: Zefanja, Haggai, Sacharja, Maleachi*, NEB. Würzburg: Echter Verlag, 1988.

Hill, A. E. *Malachi*, AB. New York: Doubleday, 1998.

Jeremias, J. *Der Prophet Hosea*, Das Alte Testament Deutsch. Göttingen: Vandenhoeck & Ruprecht, 1983.

Kessler, R. *Micha*, Herders Theologischer Kommentar zum Alten Testament. Freiburg: Verlag Herder, 1999.

Mays, J. L. *Amos*, Old Testament Library. London: SCM Press, 1969.

Mays, J. L. *Micah*, Old Testament Library. London: SCM Press Ltd, ^{3}1985.

Perlitt, L. *Die Propheten Nahum, Habakuk, Zephanja*, Das Alte Testament Deutsch. Göttingen: Vandenhoeck & Ruprecht, 2004.

Petersen, D. L. *Zechariah 9-14 and Malachi*, The Old Testament Library. Louisville, Kentucky: Westminster John Knox Press, 1995.

Reddit, P. L. *Haggai, Zechariah, Malachi*, NCBC. Grand Rapids: Eerdmans, 1995.

Reventlow, H. G. *Die Propheten Haggai, Sacharja und Maleachi*, ATD. Göttingen: Vandenhoeck & Ruprecht, 1993.

Rudolph, W. *Micha/Nahum/Habakuk/Zephanja*, Kommentar zum Alten Testament. Gütersloh: Gütersloher Verlagshaus Gerd Mohn , 1975.

Rudolph, W. *Haggai-Sacharja 1-8*, Kommentar zum Alten Testament. Gütersloh: Gütersloher Verlagshaus Gerd Mohn, 1976.

Seybold, K. *Nahum, Habakuk, Zephanja*, Zürcher Bibelkommentare. Zürich: Theologischer Verlag, 1991.

Smick, E. B. "naqam," *TWOT*, vol. 2, Harris, R. L/Archer, Jr, G. L/Waltke, B. K(eds.). Chicago: Moody Press, 1980, 598-599.

Smith, B. K./Page, F. S. *Amos, Obadiah, Jonah*, The New American Commentary. Nashville, Tennessee: Broadman & Holman Publishers, 1995.

Smith, G. A. *The Book of the Twelve Prophets*, Vol. 2. Garden City, New York: Doubleday, 1929.

Struppe, U. *Die Bücher Obadja, Jona*, Neuer Stuttgarter Kommentar Altes Testament. Stuttgart: Verlag Katholisches Bibelwerk GmbH, 1996.

Sweeny, M. A. *Zephaniah: A Commentary*, Hermeneia. Minneapolis: Fortress Press, 2003.

Watts, J. D. W. *The Books of Joel, Obadiah, Jonah, Nahum, Habakkuk, and Zephaniah*, Cambridge New English Bible. London: Cambridge University Press, 1975.

Willi-Plein, Ina. *Haggai, Sacharja, Maleachi*, Zürcher Bibelkommentare. Zürich: Theologischer Verlag, 2007.

Wolff, H. W. *Dodekapropheton 2: Joel und Amos*, Biblischer Kommentar Altes

Testament. Neukirchen-Vluyn: Neukirchener Verlag, ³1985.

Wolff, H. W. *Dodekapropheton 3: Obadja, Jona*, Biblischer Kommentar Altes Testament. Neukirchen-Vluyn: Neukirchener Verlag, ²1991.

Wolff, H. W. *Dodekapropheton 6: Haggai*. Neukirchen-Vluyn: Neukirchener Verlag, 1991.

열두 예언자의 영성

우리가 잃어버린 정의, 긍휼, 신실에 대한 회복 메시지

Copyright ⓒ 차준희 2016

1쇄 발행 2014년 8월 13일
9쇄 발행 2024년 7월 13일

지은이 차준희
펴낸이 김요한
펴낸곳 새물결플러스

편 집 왕희광 정인철 노재현 이형일 나유영 노동래
디자인 황진주 김은경
마케팅 박성민
총 무 김명화 이성순
영 상 최정호
아카데미 차상희

홈페이지 www.holywaveplus.com
이메일 hwpbooks@hwpbooks.com
출판등록 2008년 8월 21일 제2008-24호
주 소 (우) 04114 서울시 마포구 신촌로28가길 29
전 화 02) 2652-3161
팩 스 02) 2652-3191

ISBN 978-89-94752-77-8 03230

책값은 뒤표지에 있습니다.